Garcilaso de la Vega, Gottfried Conrad Böttger

Geschichte der Ynkas - Könige von Peru

Von der Entstehung dieses Reichs bis zu der Regierung seines letzten Königes Atahualpa

Garcilaso de la Vega, Gottfried Conrad Böttger

Geschichte der Ynkas - Könige von Peru
Von der Entstehung dieses Reichs bis zu der Regierung seines letzten Königes Atahualpa

ISBN/EAN: 9783743396685

Hergestellt in Europa, USA, Kanada, Australien, Japan

Cover: Foto ©ninafisch / pixelio.de

Manufactured and distributed by brebook publishing software (www.brebook.com)

Garcilaso de la Vega, Gottfried Conrad Böttger

Geschichte der Ynkas - Könige von Peru

Geschichte der Ynkas,
Könige von Peru

Von
der Entstehung dieses Reichs
bis zu der Regierung seines letzten Königes
Atahualpa.

Aus den Nachrichten
des Ynka Garcillasso de la Vega
verfasset
von
G. C. Böttger.

Erster Theil.

Neue Auflage.

Nordhausen, 1798.
bei Karl Gottfried Groß.

Geschichte
der Ynkas,
Könige von Peru.

———⋄———

Erster Theil.

Durchlauchtigste Prinzeſſin,
Gnädigſte Prinzeſſin,

Wenn ich Ewr. Hochfürſtl. Durchlaucht Rechenſchafft geben ſollte, warum ich die Geſchichte der Könige von Peru zum Gegenſtande meiner Arbeit gewählt, ſo wüßte ich dieſen Entſchluß nicht beſſer

ser zu rechtfertigen, als wenn ich mir das Geschlechte der Inkas als Eine Person vorstellte, und Ihnen, Durchlauchtigste Prinzessin eine Abschilderung davon zu machen suchte. Ich würde alsdann sagen: Es verband mit einem wahrhaftig fürstlichen Geiste die tiefste Einsicht in das menschliche Gemüth; und mit der größten Güte des Herzens, die abgemessendste Haushaltung seiner Mildthätig=

An die
Durchlauchtigste Prinzessin
Friederike Charlotte Albertine
Prinzessin
von
Schwarzburg-Sondershausen.
ꝛc. ꝛc.

von seinem Volke beinahe göttlich verehrt; aber es verdiente diese Verehrung dadurch, daß es, wie die Gottheit, für das Glück der Menschen wachte.

Diese schwache Schilderung entwarf ich, um Ewr. Durchlaucht meinen Ynkas geneigt zu machen; aber izt, indem sie vor meiner Seele schwebt, merke ich, daß jeder, der sie

Durchlauchtigſte Prinzeſſin zu
kennen, ſagen wird, ich hätte mich
unterſtanden, Dero eigenes Bild,
gnädigſte Prinzeſſin, zu malen.
Die Aehnlichkeit iſt zu auffallend,
als daß man nicht auf dieſe Gedan=
ken kommen ſollte, und ſie iſt eine
Urſache mehr für mich, Ew. Hoch=
fürſtl. Durchlaucht dieſes gerin=
ge Buch zu Füſſen zu legen. Die
Erſte

thätigkeit: Es zeigte allezeit großen Verstand, aber nur um Anderer Glück zu befördern: Die aufrichtigste Menschenliebe war für dasselbe die Quelle der Höflichkeit und nicht europäische Komplimentenmode. Es nahm Jedermann durch unwiderstehliche Annehmlichkeit und süsse Ueberredung ein; aber es bediente sich dieser Zaubermacht nur zur Besserung und zum Vergnügen der Menschen:

schen: Es war allezeit gerecht; aber seine Güte wußte den Fehlern seiner Unterthanen so vorzubeugen, daß sich seine Gerechtigkeit nur im Belohnen zu zeigen nöthig hatte: Es war allezeit gütig; aber seine Güte lockte es nie vom Pfade der Gerechtigkeit ab: Es war sich seiner Würde bewußt; aber eben dieses Bewußtseyn erlaubte ihm, sich zu den Niedrigen herab zu lassen: Es ward
von

Vorrede.

Indem ich diese Geschichte der Könige von Peru aus den Nachrichten des Ynka Garcillasso de la Vega herauszog und bearbeitete, hoffte ich der lesenden Welt, weder ein überflüßiges noch verächtliches Geschenk zu machen. Ein Reich, welches an Größe und Fruchtbarkeit keinem in Europa etwas nachgab, an Vortrefflichkeit der Regierungsform aber, alle, die je in der alten Welt gewesen sind, übertraf, verdienet wohl, daß man seine Entstehung, seinen Wachsthum und seinen Untergang kennen lernt; und der Schriftsteller, in dessen Werken man beinahe allein eine zuverläßige und unpartheiische Nachricht von diesem wichtigen und sonderbaren Reiche zu

finden

Vorrede.

finden hoffen kann, ist wohl werth; daß man seinem Werke die Ordnung und Annehmlichkeit zu geben sucht, die ihm mehr Leser verschafft als es in seiner ursprünglichen Gestalt erwarten durfte. Ich sehe nicht ein, warum die einfache und ungekünstelte Schreibart des guten Ynka, welche ich beizubehalten gesucht habe; die immer ein Zeichen der Aufrichtigkeit und Wahrheit ist; die Leser abschrecken sollte; da das gekünstelte Gewebe von gewagten Muthmassungen und eiteln Vernunftschlüssen, womit der Herr von P. nicht allein Peru, sondern auch ganz Amerika übersponnen hat, so begierig aufgenommen, und für so wichtig gehalten worden ist. Allein dieses philosophische Jahrhundert scheinet sowohl in Gedanken als in Worten mehr das Sinnreiche, als das Wahre zu lieben.

Garcillasso de la Vega, aus dessen Beschreibung von Peru der Herr von P. ein gutes Theil seines wizzigen Systems destilliret hat, und auf welchen er dennoch

Erste und Größte aber, ich gestehe es, war mein Stolz, der mich an: trieb, der Welt zu sagen, daß ich Verstand gnug gehabt, von dem er: sten Augenblicke an, die Vortrefflich: keit Ihres Charakters zu kennen und zu verehren, sobald mir die Er: laubniß ertheilet ward, Ewr. Hoch: fürstl. Durchlaucht mit meinen geringen Talenten zu dienen; und daß mein Herz gerecht genug ist, sich
selbst

selbst versichern zu können; daß ich auch mit eben diesen Gesinnungen, in tiefster Ehrerbietung, sterben werde als

  Ewr. Hochfürstl. Durchl.

    unterthänigster und getreuster
      Knecht,
  Gottfried Conrad Böttger.

Vorrede.

noch mit so vielem Stolz herab siehet, verdienet gar nicht, daß ihn die wizzigen Anbeter jenes scharfsinnigen Philosophen verachten. Ernsthafte und Wahrheit suchende Köpfe werden es nie thun. Ein Amerikaner, dessen Vater zwar ein Spanier aber ein Kriegsmann gewesen; der bis in das zwanzigste Jahr in jenem, kaum eroberten, Lande erzogen worden ist, wird schwerlich ein Titus Livius werden; aber wenn ihm die Kunst eines vollkommenen Geschichtschreibers fehlt; so hat er doch alle Eigenschaften eines glaubwürdigen Schriftstellers. Sein Vaterland, seine Geburt, sein Amt, welches er verwaltete, das Verhältniß worinne er zwischen den Siegern und Besiegten stand und der Charakter seiner Erzählung sind Bürgen seiner Zuverläßigkeit.

Da er in dem Lande selbst gebohren war, dessen Geschichte er schrieb und von Kindheit an, über 20 Jahre darinne gelebt hatte, so kann man nicht läugnen, daß

Vorrede.

daß er von Jugend auf an der Quelle selbst stand, aus welcher man die Kenntnisse zu einer solchen Geschichte schöpfen mußte. Seine Mutter war eine Palla, eine Tochter eines Ynka, oder Prinzen, eines Sohnes des Huayna Capaks, zwölften Königes von Peru. Er ward in ihrem Hause erzogen, und sog mit der Muttermilch ihre Sprache, ihre Denkungsart und ihre Liebe zu seinem Vaterlande ein. Sie ward täglich von den, der Grausamkeit des Atahualpa entronnenen, Ynkas, welche ihre nähesten Anverwandten waren, besucht: Da die Ynkas eine besondere Sprache redeten, welche von ihren Siegern, den Spaniern nicht verstanden ward, so kann man sich wohl vorstellen, daß diese unglücklichen abgerissenen Zweige des königlichen Stammes sich eben so oft von dem ehemaligen Flor ihrer Familie und der Herrlichkeit ihres Reichs werden unterhalten haben, als die Nachkommen Davids in der Babylonischen Gefangenschaft von der Pracht Jerusalems.

Gar-

Vorrede.

Garcillaſſo, der dieſe Geſpräche täglich hörte, beſtändig einen groſſen Gefallen daran hatte, und was er nicht verſtand fragte, mußte alſo wohl, ehe er noch daran gedachte ein Schriftſteller zu werden, die meiſten und beſten Nachrichten, von der Geſchichte eines Reichs, das gar keine Schrift noch Schriftſteller hatte, in ſeinem Kopfe geſammelt haben. Der Vortheil, daß er unter allen Geſchichtſchreibern, welche die Hiſtorie der Ynkas erzählen der einzige iſt, welcher die Sprache, in welcher ſie ſich ihre Nachrichten haben müſſen geben laſſen, vollkommen verſtand, muß ihm ſchon allein ein groſſes Uebergewichte geben. Nachdem er ſich in Spanien eine Zeitlang den Wiſſenſchaften gewidmet und ein Amt bekommen hatte, welches ihm Muſſe gnug dazu gab, laß er alles, was die Spanier, ſeit der Eroberung von Peru, von der Geſchichte dieſes Landes geſchrieben hatten. Die vornehmſten unter dieſen Schriftſtellern ſind, der Pater Akoſta, Pedro Cieca de Leon, ein Spanier welcher mit Francisko Pizarro nach Peru gekommen, siebenzehn Jahre in diesem Lande gedient, und fast alle Provinzen, welche zu dem Reiche der Ynkas gehörten, besucht hatte; ferner Augustin de Carate, Lopez de Gomara, Diego Fernandez, der Pater Blas Valera, dessen vortreffliche Handschrift, welche hernach verlohren gegangen ist, er noch nuzzen konnte; und verschiedene Andere. Garcillasso führet oft, um Eine seiner Erzählungen zu bestätigen, die eigenen Worte von zween oder drey dieser Schriftsteller an. Aus der Rechtschreibung der Namen in diesen Anführungen siehet man schon den Vorzug, welchen die vollkommene Kenntniß der Peruanischen Sprache dem Ynka, vor seinen Vorgängern giebt. Als er sich endlich entschlossen hatte, die Geschichte von Peru zu schreiben, bat er seine, sich noch in diesem Lande befindende Bekannten und ehemaligen Schulkameraden, für ihn so viel Nachrichten in den verschiedenen Provinzen von Peru zusammen zu sammeln und ihm zu überschicken, als sie nur könnten; seine Freunde gewähr-

gewährten ihn seiner Bitte, und er wählte mit der größten Sorgfalt dasjenige aus, was er zu seinem Endzwecke für dienlich hielt. Sein Vater, Garcillaſſo de la Vega, war Einer von den vornehmſten ſpaniſchen Befehlshabern, welcher, nach der Vertheilung des Landes unter die Eroberer, Herr von einigen beträchtlichen Strichen Landes, und Statthalter von Cusko geweſen iſt. Es konnte alſo ſeinem Sohne, unſerm Ynka, weder an Anſehen noch an Vermögen fehlen, an allen den Orten Zugang zu finden, wo Etwas, zu ſeinem Vorhaben dienliches anzutreffen war, und ſich alle Materialien zu verſchaffen, welche zu Aufführung ſeines Gebäudes nützlich ſeyn konnten. Man ſiehet, daß der gute Ynka ſein Vaterland und die erlauchte Familie, von welcher er herſtammte, liebte; daß ſein Herz von einer Betrübniß, die er zu verbergen ſuchte, durchdrungen war, wenn er von ihren traurigen Unfällen ſpricht und daß ihm nichts lieber war, als wenn er Etwas zum Lobe ſeiner Landesleute und Anverwandten ſagen

Vorrede.

sagen konnte; man darf also nicht fürchten, daß er, aus Partheilichkeit gegen die Spanier, die Wahrheit, welche den Peruanern günstig seyn kann, verschwiegen habe. Auf der andern Seite, da sein Vater ein Spanier war; da er selbst in Spanien lebte und ein ansehnliches Amt darinne verwaltete; hat man auch nicht Ursache zu besorgen, daß er es hätte wagen sollen, das Gute, was er von seinen Landesleuten sagt, zu übertreiben und uns, anstatt einer wahren Geschichte eine schöne Erdichtung darzustellen. Zumal, da er fast alles Wichtige, mit Zeugnissen aus spanischen Schriftstellern belegt, und da noch so viele Augenzeugen des bessern Zustands von Peru und selbst Peruaner von der feindlichen Parthey des Atahualpa lebten, die ihm widersprochen haben würden. Uebrigens zeugt auch der ganze kunstlose und offenherzige Charakter seiner Schreibart für die Wahrheit seiner Erzählung; und es ist seltsam, daß man dem armen Ynka auf der einen Seite alle Einsicht in die Wissenschaft eine Geschichte zu schreiben, und alles Genie ab=

Vorrede.

abspricht, und doch auf der andern Seite, ihn beschuldiget; die bewundernswürdige Einrichtung der Peruanischen Regierung habe keinen andern Grund, als seine Erfindungskraft.

Es ist wahr, wenn man des Garcillasso Geschichte und Beschreibung vom Reiche der Ynkas liest; so scheint das Gemälde zu schön, als daß sein Original auf dieser Erdkugel und unter diesem Menschengeschlechte würklich könne vorhanden gewesen seyn. Dieses Reich hat einen kleinen Anfang und wächst durch Eroberungen; in soweit ist es allen grossen Reichen ähnlich: Allein seine Könige, die sich Ein Volk und Ein Land nach dem Andern unterworfen, sind so sanftmüthig und menschenfreundlich, und ihre Eroberungen so wohlthätig, daß sie fast alle Weltbezwinger der alten Welt beschämen. Es ist eine ganz andere Art von Kriegern, als die man bisher gekannt hat. Was in andern Weltgegenden das Schrecken der Waffen und das unmenschlichste Blutvergiessen

giessen thut, bringet hier die Klugheit der Heerführer und die Weißheit der Gesezze zuwege. Sanftmuth und Gelindigkeit ohne Beyspiel sind hier Mittel wilde Völker, von welchen die Ynkas allenthalben umgeben waren, zu besiegen; und Eroberung der Herzen und Verbesserungen der Sitten dieser Barbaren bringet sie, mehrentheils ohne Schwerdschlag, unter das Joch der tugendhaften Ynkas. Man erlaube mir hier, ein kleines Bild von dieser bewundernswürdigen Regierungsform zu entwerfen.

Manko Capak, der Stifter dieses Reiches kam ohne Zweifel, entweder allein, oder von sehr wenigen begleitet, mit seiner Frau, Mama Oello aus einem entfernten und aufgeklärten Lande. Es ist gleichviel, ob China, oder ein anderer Theil von Asien; die Maleyischen oder die Otaitischen Inseln sein Vaterland gewesen sind. Sein vorzüglicher Verstand und sein viel-umfassender Geist, waren vielleicht die Ursache seiner Vertreibung aus dem

Vorrede.

dem Lande seiner Geburt, aber sie machten ihn auch zu einem Gesezgeber wenigstens so geschickt, als den arabischen Urheber der muhammedanischen Religion. Er fand alle Völker des Landes, auf welches ihn sein Schicksal warf, in der gröbsten Barbarey, Einfalt und Unwissenheit. Sein, mit höhern Einsichten begabter, Geist bediente sich dieser Umstände zu seinem Vortheile. Nichts ist leichtgläubiger, als Einfalt und Unwissenheit: Seine majestätische Gestalt, seine hier ungewöhnliche Kleidung, der Gebrauch verschiedener Kenntnisse, welche er vor den Eingebohrnen voraus hatte, machten daß er bey diesen unter die Menschheit herabgesunkenen Völkern leicht für Etwas mehr als ein Mensch gehalten wurde: und da er eine kleine Anzahl einzeln in Wäldern und Hölen wohnender Wilden, welche ihren Lebensunterhalt dem Ohngefehr dankten und wegen immerwährender Feindschaft unter einander, in beständiger Todesgefahr waren, um sich herum zusammen brachte, und sie

lehrte

Vorrede.

lehrte vom Ackerbau eine gewiſſe Nahrung zu erwarten, gekleidet zu gehen und in Sicherheit zu leben; ſo empfanden die armen Barbaren dieſe Wohlthaten ſo ſehr, daß nie ein Monarch gröſſere Verehrung genoſſen und einen blindern Gehorſam gefunden hat, als Manko Capak. Leute die gar nichts göttlich verehrten, auſer den Gerippen ihrer geſchlachteten Feinde, dahin zu bringen, den ſchönſten ſichtbaren Körper als eine Gottheit anzubeten, war gewiß nicht ſchwer. Manko Capak war fein genug, daß er dieſen einfältigen Völkern die Sonne, deren Glanz ſie erquickte und blendete, zum Gott gab. Die Sonne, ſprach er, die alles hervor bringt, erhält und fruchtbar macht, iſt der Gott der Welt; Ich und meine Frau ſind ihre Kinder. Aus Mitleiden, hat mich mein Vater zu Euch geſandt, Euch zu Menſchen zu machen, Euch ein glückſeeliges Leben zu verſchaffen und Euch die Geſezze zu geben, die er mir vorgeſchrieben hat. Haltet euern Zuſtand gegen den Meinigen,

ſagte

sagte er zu den Wilden, wenn er sie durch seine Vernunft und Freundlichkeit um sich versammelt hatte; vergleichet euere Unruhe, Unsicherheit und Unstätigkeit, mit der Ruhe, Sicherheit und Ordnung worinne wir leben, und dann urtheilet selbst. Der Endzweck meiner Arbeit ist euere Glückseeligkeit. Was Manko Capak bey den Männern that, unternahm Mama Oello bey den Weibern; Ueberredung saß auf ihren Lippen und williger Gehorsam war die Frucht ihrer Mühe. Nunmehr legte Manko Capak den Grund zu Cusko, der künftigen Hauptstadt seines Reichs. Die Gesezze, welche er seinem kleinen Volke vorschrieb, waren Gesezze des Naturrechts. Folgende zwey waren die Ersten: Eins betraf die wechselseitige Gerechtigkeit; es befahl, billig gegen Jedermann zu seyn, um eben diese Billigkeit wieder von Jedermann erwarten zu können; oder mit andern Worten: Was Du wilst, das Dir die Leute thun sollen, daß thue Du ihnen auch: Das Zweyte betraf den Ehestand: Jeder
solte

solte seine eigene Frau haben; oder wie Horaz sagt:

A conjugio prohibuit vago.

zusammen genommen: Ne quis fur sit, ne quis adulter. Was dieser neue Lehrer redete, das mußte vom Himmel herab geredet seyn. So viel ihn hörten, so viel wurden überzeugt; und so viel Neubekehrte er machte, so viele Unterthanen bekam er auch. Wie sinnreich Manko Capak alles zu seinem Endzwecke zu kehren wußte kann man daraus sehen. Er war nicht geneigt mit Einer Frau zufrieden zu seyn, ob er dieses Gesez gleich seinen neuen Unterthanen gegeben hatte; er überzeugte sie also, daß es höchst nothwendig und nüzlich wäre, daß das Geschlecht der Ynkas oder Kinder der Sonne so zahlreich als möglich sey; und dann nahm er so viele Weiber, als es ihm beliebte: Er hatte grosse Ohren bis zur Unförmlichkeit; er durchbohrte sie, machte sie durch Kunst noch grösser, und so mußten grosse Ohren eine Ehre und
ein

Vorrede.

ein Kennzeichen der Kinder der Sonne seyn. Seinen ersten und getreusten Anhängern gab er, als die größte Gnadenbezeugung, auch den Tittel Ynkas, aber sie genossen nicht eben die Verehrung als die Ynkas vom Geblüte. Durch diese und ähnliche Anordnungen und Kunstgriffe, wie es Zeit und Umstände erfoderten, breitete er sein Gebiete auf acht Meilen um Cusko herum aus. Er nennte sich den Vater seines Volks und den Freund der Armen, er war es und ward von ihnen angebetet. Der Geist der Religion, welche er lehrte, war dieser: "Pachakamak ist der höchste, unsichtbare Gott: Niemand, auser den Ynkas, darf seinen Namen aussprechen und auch diese nur nach vielen, ehrfurchtsvollen Vorbereitungen: Er wird nur im Geist und im Herzen angebetet: Die Sonne ist die sichtbare und belebte Wohnung jenes höchsten Gottes; Diese wird öffentlich angebetet und mit Opfern verehrt." Scheinet dieses alles nicht der Religion der alten Perser sehr nahe zu kommen?

Manko

Vorrede.

Manko Capak ließ sich, nebst seiner Gemalin, im Leben schon anbeten, und als er empfand, daß sein Tod nahe sey, sagte er; Er werde zu seinem Vater, in die Sonne zurück kehren, und maßte sich also die Unsterblichkeit an. Sein Nachfolger empfing zwar ein kleines Reich; da aber die, um dasselbe herum wohnende, Wilden beynahe nur aus einzelnen Familien bestanden, und keine Gesezze, keine Zucht und keine Verbindungen hatten; so war es ihm leicht, sich einen Strich Landes nach dem Andern zu unterwerfen, und Ein Geschlecht nach dem Andern an sich zu ziehen. Alle folgende Ynkas behielten diesen Plan bey: So wuchs dieses Reich zu einer ungeheuern Grösse, und die Glückseeligkeit breitete sich mit ihm über die Völker aus.

Ihre Polizey war ohngefehr folgendermassen eingerichtet; Alle Länder oder Aecker waren in drey Theile getheilt: Ein Theil gehörte der königlichen Familie; ein Theil

Vorrede.

Theil dem Tempel der Sonne, den Priestern und geweyheten Jungfrauen; und der dritte und größte war unter die Einwohner vertheilt. Niemand durfte müßig gehen, weder Einer von den Ynkas, noch von den Unterthanen; derjenige Vater ward gestraft, welcher seinen Sohn nicht von Kindauf zur Arbeit anhielt. Niemand durfte in Essen und Trinken mehr verthun, als es sein Vermögen erlaubte. Jedermann mußte in Peru bey offenen Thüren essen, und Richter, die dazu bestellt waren, gingen herum und sahen zu, daß nirgend das Maaß überschritten ward. Niemand konnte sich durch Kleiderpracht zu Grunde richten: Denn jedem Volke, in den verschiedenen Provinzen, und jedem Stande war seine Tracht vorgeschrieben, wodurch man sie bey dem ersten Anblicke unterscheiden konnte. Wenn dennoch Personen an irgend Etwas, durch irgend einen unglücklichen Zufall Mangel litten; so ließ sie der König, dem es nie mangeln konnte, sobald es zu seiner Kenntniß kam, aus

aus seinen Vorrathshäusern, versorgen. Die Felder bauete man an jedem Wohnorte gemeinschaftlich. Zuerst wurden die Aecker der Witwen und Waisen, dann die Aecker der Sonne und zulezt die Aecker anderer Privatleute und der Ynkas gebauet. Die ganze Zeit, worinne die Bürger mit einander an diese gemeinschaftliche Arbeit gingen, war eine Art von öffentlichem Feste. Die Abgaben waren so geringe, daß sie vielmehr Zeichen des Fleisses der Unterthanen, als Steuern zu seyn schienen. Geld war im Reiche der Ynkas nicht; folglich waren Reichthum und Armuth, mit ihrem ganzem unglücklichem Gefolge von Lastern, ausgeschlossen. Gold und Silber ward nur zur Auszierung der Tempel und königlichen Häuser, und an manchen Oertern zum Hausgeräthe gebraucht. Dennoch war Kupfer beliebter. Perlen durften nicht aus der Tiefe geholt, und Quecksilber, womit man seit undenklichen Zeiten, in der neuen Welt, die Metalle aus den Erzten bringt, nicht gegraben

ben werden. Die Ynkas schäzten das Leben ihrer Unterthanen zu hoch, um sie in diese Gefahren zu stürzen. Die Religion war mit der Regierung verbunden, und der Großpriester war allezeit ein Onkel oder ein Bruder des Königs. Alle Verbrechen wider die Gesezze der Ynkas wurden mit dem Tode bestraft; und wenn eine geweyhete Jungfrau wider die Keuschheit sündigte, solte nicht allein sie lebendig begraben; sondern auch ihre ganze Familie ausgerottet, die Stadt, aus welcher sie war, zerstört und der Ort, wo sie gestanden hatte, zum Zeichen ewiger Unfruchtbarkeit, mit Steinen besäet werden. Aber Liebe und Ehrerbietung für die Ynkas, Furcht vor der Strenge der Gesezze und die Wirkung der guten Erziehung verhinderten, daß es jemals nöthig war, eine solche Strafe zu vollziehen. Auch trugen die Ynkas für den Unterricht der Jugend die größte Sorgfalt: in Cusko und an andern Oertern waren Schulen; die Ynkas selbst waren die vornehmsten Aufseher derselben.

)()(

Vorrede.

ben. Die Wissenschaften, welche der Jugend gelehrt wurden, waren einfach und wenig. Die glücklichen Unterthanen der Ynkas lernten von Jugend auf, die Ordnung, gute Sitten, ihr Vaterland und ihren König lieben. Sie wurden früh verheyrathet: Niemand durfte seiner Kinder, oder seines Unterhalts wegen bekümmert seyn: Ihre größten Arbeitstage waren Feste; ihre Lustbarkeiten, als zum Beyspiel, die Jagd, waren ihnen nüzlich; ihr männliches Alter war ohne Ehrgeiz und Verdruß, und ihre grauen Jahre ohne Geiz und Sorgen.

So lebte dieses Volk unter einem, immer heitern Himmel, wo es selten von Stürmen erschreckt, oder von bösem Wetter belästiget, nie aber von übermäßiger Hizze oder Kälte gedrückt ward. Die Könige wurden geliebt; und die Unterthanen genossen Ruhe, gesunden Ueberfluß und beständigen Frieden. Denn die Kriege an den Gränzen, wodurch die Ynkas ihr

Reich

Vorrede.

Reich stets vergrösserten, beunruhigten das Innere des Landes nie. Während den Regierungen der ersten sechs Könige, siehet man nichts als Glück in allen Unternehmungen der Monarchen: unter dem siebenten Capak Ynka, dem Yahuarhuakak, wird die innere Ruhe auf eine kurze Zeit unterbrochen; aber von diesem Zeitpunkte an herrschet wieder eine ungestörte Stille und Sicherheit im Reiche. Auf diese Art erwuchs das Reich der Ynkas zu Einem der größten Staatskörper; bis der ehrgeizige Atahualpa und die räuberischen Spanier diesen Koloß umstürzten und auch sogar seine Trümmern zerschlugen und vernichteten.

Ich zweifle nicht, daß meine Leser nunmehr, dieses Reich, nebst seiner Geschichte, ihrer Aufmerksamkeit würdig halten werden: ich will also nur noch sagen, wie ich das Werk des Garcillasso behandelt habe. Dieser Ynka hat in seiner Geschichte der Könige von Peru viele, ganz fremde

Vorrede.

Dinge gemischt; er hat, entweder aus Mangel des Gedächtnisses, oder der Aufmerksamkeit, vieles ohne Noth und Nuzzen wiederholt; Er hat geglaubt, seine Erzählung dadurch glaubwürdiger zu machen, daß er die verschiedenen Berichte einiger spanischen Schriftsteller von ein und eben derselben Begebenheit der Länge nach hersezt; und endlich hat er sein Buch dadurch anziehender machen wollen, daß er die Geschichte gemeiniglich nach ein Duzzend Kapiteln unterbricht und die Religion, die Landesart, die Thiere, Gewächse und so fort, beschreibt.

Ich habe alles Fremde, aber nicht das geringste Wesentliche hinweg gelassen. Denn wer verlangt, zum Beyspiel, in einer Geschichte von Peru eine Untersuchung zu lesen; ob es mehr, als Eine Welt gibt? ob alle fünf Zonen bewohnt sind? u. s. f. Ich habe alle Wiederholungen, so viel es der Verstand der Geschichte zuließ vermieden: Ich habe die Geschichte der Ynkas nach der

Vorrede.

der Reihe ununterbrochen erzählt und die Beschreibung des Landes, seiner Einwohner, ihrer Sitten, ihres Gottesdienstes, ihrer Gebräuche, Kunstwerke u. s. f. bis in den folgenden Theil verspart, und mich bemühet den Ynka zusammenhangender denken und schreiben zu lassen; oder deutlicher zu reden: ich habe aus seinen gesammelten Nachrichten eine Geschichte zu bilden, dabey aber so vieles, als es möglich war, von ihm beyzubehalten gesucht. Ich hoffe Geschichte und Beschreibung eines Landes, das mit den in der alten Welt so wenig ähnliches hat, wird meinen Landesleuten so wohl Nuzzen, als Vergnügen verschaffen.

Nun noch ein Paar Worte mit den Herren Rezensenten in der A. L. Z.

Ich hatte vor einem Jahre die Geschichte des ersten Feldzuges der Spanier durch Florida, oder Ferdinand von Soto teutsch drucken lassen. Sie war aus eben

Vorrede.

des Verfaffers Schriften wie die Geschichte der Ynkas, nemlich aus den Nachrichten des Garcillaſſo de la Vega, genommen. Ich hatte mich aber nicht des ſpaniſchen Originals, ſondern der franzöſiſchen Ueberſezzung des Richelets bedient. In der Vorrede zu dieſem Buche hatte ich einigen Rezenſenten etliche bittere Wahrheiten geſagt, von welchen ich glaubte ungerecht und leichtſinnig behandelt worden zu ſeyn. Denn, meine Herren, es iſt nicht das Erſte oder Zweyte Mal, daß ich geglaubt habe, auch mir ſey es erlaubt, meine Gedanken, drucken zu laſſen; nur von Ihnen, hatte ich noch nicht die Ehre gehabt rezenſiret zu werden. Allein als ich den Muthwillen jener Knaben ahndete, traten Sie, welche ich allezeit für rechtſchaffene Männer gehalten habe, herzu und ſtieſſen in acht Zeilen mehr Scheltworte gegen mich aus, als ich auf ſechs Seiten nicht geſagt hatte. Denn ich hatte in der That weder mit Ungezogenheiten noch mit Unbeſonnenheiten um mich geworfen; das hätten Sie,

deucht

deucht mich nicht thun sollen. Sie empfohlen mir, Ihnen mit dem Hute in der Hand entgegen zu kommen und als ein neuer Autor, mein demüthiges Kompliment zu machen; das bin ich, als Schriftsteller nicht gewohnt, und Sie hätten es, deucht mich, nicht verlangen sollen. Sie meinten, ich hätte besser gethan, wenn ich aus dem spanischen Originale übersezt hätte, mein Franzose würde hier selbst sagen: cela saute aux yeux. Aber ich glaube ich würde dadurch nichts gebessert gewesen seyn, wenn ich auch das Original hätte auftreiben können. Dieses würde man nur alsdann mit Recht von mir gewünscht haben, wenn der Ynka Garcillasso wegen seiner Kunst zu erzählen, wegen seiner Schreibart, wegen seinen tiefsinnigen Gedanken, oder wegen seinen wizigen Einfällen merkwürdig wäre; alles dieses aber ist er im geringsten nicht, und mein guter Richelet hat nur allzutreu übersezt; Das Original war also hier nicht nöthig und mein alter Franzose braucht auch in dem ganzen Quartanten, dessen ich mich bedient

Vorrede.

bedient habe nicht einmal die schöne Redensart, die Sie ihm in den Mund legen. Ich wünschte also, Sie hätten diese Foderung, und zwar auf diese Art, nicht an mich gethan. Allein was hilft das wünschen; ich liebe die Wahrheit und würde, um alles in der Welt willen, mich der Welt nie anders darstellen, als ich bin; das ist nun so meine Grille. Ein Rezensent aber muß, Kraft seines Amts, zu verstehen geben, daß er Hülfsquellen in seiner Gewalt hat, die der Schriftsteller oft in seinem Leben nicht zu sehen bekommen kann. Alles dieses habe ich nur gesagt, damit kein Mißverständniß unter uns entstehen möge, und Sie mich, um jener Vorrede willen nicht etwa für Ihren Feind halten. Uebrigens danke ich Ihnen für Ihre Rezension, ich bin vollkommen damit zufrieden, und empfehle auch dieses Buch Ihrem gütigen Andenken.

Geschichte
der
Ynkas,
Könige von Peru.

Erster Theil.
Erstes Buch.

Innhalt des Ersten Buchs.

Ursprung des Namens Peru. Erster Zustand der Völker dieses Landes, ehe sie von den Inkas regiert wurden. Gränzen. Abgötterey, wilde Lebensart Grausamkeit dieser Völker. Ursprung der Inka Leben des ersten Inka, seine Eroberungen, sein Betragen gegen seine Unterthanen und Erklärung der Namen, welche sie ihm gaben.

Erstes Kapitel.
Ursprung des Namens Peru.

Ein spanischer Edelmann, Namens Vasko Nunnez de Valboa, aus der kleinen Stadt Xerez bey Badajoz gebürtig, entdeckte das grosse Südmeer jenseit Ame[ri]ka im Jahre 1513. Der König von Spanien ertheilte ihm den Tittel eines Admirals [d]es Südmeeres und die Statthalterschaft aller [L]änder und Reiche, die er auf diesem Meere [en]tdecken würde. Allein er genoß diese Ehre [n]icht lange und erndete die Vortheile nicht [ei]n, welche er sich davon versprach. Sein [ei]gener Schwiegervater, Pedro Arias Davila,

vila, welcher Statthalter von Panama war, ließ ihm den Kopf abschlagen. Ehe aber diese unmenschliche Grausamkeit gegen ihm ausgeübt wurde, hatte er Anstalten gemacht, einige Kenntniß von den Ländern zu bekommen, welche der Erdenge von Panama gegen Mittag lagen. Er rüstete drey bis vier Schiffe aus, welche er, Eines nach dem Andern, in See gehen ließ, um die, sich gegen Süden erstreckende, Küste zu entdecken; er selbst machte indessen Zurüstungen, zu Eroberung dieser Länder. Eines dieser Schiffe, welches sich weiter als die Vorhergehenden wagte, und die Linie paßirte, sezte seinen Lauf, längst dieser Küste lange fort. Einst wurde es einen Eingebohrnen gewahr, welcher an der Mündung eines Flusses fischte. Erfreut über diesen Anblick, sezten die Schiffleute gleich vier spanische Soldaten, welche vortrefflich laufen, und schwimmen konnten, in einiger Entfernung von dem Flusse aus. Als die Besazzung des Schiffes glaubte, daß sich diese Leute dem Amerikaner nahe gnug würden geschlichen haben; so seegelte sie vor ihm
vorbey.

Erstes Buch.

...orben. Man stellte sich vor; dieser Mensch, ...ufmerksam auf dieses ihm ungewöhnliche Schauspiel, würde die auf ihn lauernden Sol... ...aten nicht wahrnehmen. Was sie vermu... ...het hatten, geschahe. Nie war wohl dieser Amerikaner in seinem Leben so erstaunt gewe... ...en, als über den Anblick dieses Schiffes, ...elches auf dem, von Europäern noch nie ...efahrnen, Meere, vor seinen Augen daher ...egelte. Er heftete seine Aufmerksamkeit so ...est darauf, daß die vier Soldaten ihn über... ...ielen und gefangen nahmen, ehe er das ge... ...ingste von ihnen wahrnahm. Ein abgeschick... ...es Boot brachte ihn gleich auf das Schiff, ...o ihm die Spanier, um ihm alle Furcht zu ...enehmen, auf das freundlichste liebkoseten. ...ls sie sahen, daß er sich von dem Schre... ...ken ein wenig erholt hatte, in welches er ...ber den Anblick so fremdgebildeter Leute ...it Bärten, gerathen war, so fragten sie ...hn durch Worte und Gebärden, was dieses ...ür ein Land sey, und wie es hieße? Der Amerikaner merkte wohl, daß sie Etwas von ...hm wissen wolten, aber er konnte nicht begrei-

A 3 fen,

fen, was? Endlich bildete er sich ein, es sey sein Name, warum sie ihn fragten; er antwortete also: Beru; dieses war sein eigener Name, und als sie nach der Gegend wiesen, wo er gefischt hatte, so antwortete er: Pelu, welches Wort in der Sprache dieser Provinz einen Fluß bedeutet. Die Spanier glaubten, er habe ihre Frage verstanden, und hielten also das Wort, welches er so oft ausgesprochen hatte, für den Namen des Landes. Dieses trug sich im Jahre 1516 zu, und seit dieser Zeit hat man diesem Striche Landes, von Quito bis an die Provinz Charkas, den Namen, Peru, gegeben. Dieser Name war vorher nicht gebräuchlich: die Eingebohrnen hatten auch überal keinen allgemeinen Namen, welcher das ganze Königreich anzeigte. Ehe die Ynkas dieses Land unter ihre Botmäßigkeit brachten, hatte jede besondere Landschaft ihren eigenen Namen; zum Beyspiel: Charka, Colla, Cusko, Rimak, Quito und so fort. Nach der Unterwerfung aber, nennten sie diese Länder nach den Gegenden, wie sie waren erobert worden, jedoch ohne die vorigen

Namen

amen gänzlich aus der Acht zu lassen.
a die Einwohner glaubten, daß die Yn-
s Kinder der Sonne wären, so hielten
auch für gewiß, daß alle Länder, welche
se, ihre oberste Gottheit, erleuchtete, den
kas gehörten. Daher bedeutet das Wort
huantinsuyo, sowohl die vier Gegenden
Welt, als auch die vier Theile, in wel-
das Reich der Ynkas eingetheilt war.
e Unterthanen der Ynkas aber nennte
n O Ynkaprunam.

Zweytes Kapitel.
Gränzen des Reiches Peru.

as Reich der Ynkas, oder wie es die
Europäer nennen: Peru, hatte, bey
kunft der Spanier folgende Gränzen;
gen Mitternacht zu erstreckte es sich bis
den Fluß Ankasmayu, welcher Quito
Peru trennt. In der Landessprache
sset dieses, der blaue Fluß; er befindet
beynahe unter dem Aequator. Gegen
ttag macht die Provinz Chikas, die
erste Gränze des Landes Charkas. Von
dem

dem Flusse Ankasmayu, bis an das Ende der Provinz Chikas sind 600 Meilen. Dieses ist die Länge des eigentlichen Peru. Zu diesem kömmt aber noch an dem nördlichen Ende, das Königreich Quito, welches diese Länge um 70 Meilen vermehrt: und gegen Süden, das Land Chili, welches durch den Fluß Mauly von dem Lande der Araukos getrennt wird, und 400 Meilen lang ist. Gegen Abend wird es von dem Südmeere, oder sogenannten stillen Meere begränzt; gegen Morgen aber wird es von einer langen Kette von Bergen eingeschränkt, welche allezeit mit Schnee bedeckt, und für Menschen und Thiere unzugänglich sind. Diese Gebürge erstrecken sich von Sankt Martha, bis an die Magellanische Meerenge; sie werden von den Eingebohrnen Ritisuyu, das ist, der Schneegürtel, genennt. So groß die Länge dieses Landes von Norden gegen Süden ist, so schmal scheinet es dagegen von Osten gegen Westen. Seine größte Breite, von dem Gebürge Ritisuyu oder den Andes, durch die Provinz Muyu-

Pampa

Pampa und das Land Chachapuyas bis an die Stadt Truxillo, welche am Südmeere liegt, beträgt ohngefehr 120 Meilen; hingegen von dem Hafen Arika bis an die Provinz Liliarikossa, wo das Land am schmalsten ist, sind nicht mehr als 70 Meilen. Dieses sind die Gränzen des Reichs, welches sich die Ynkas unterwürfig gemacht. Nun will ich auch mit Wenigem den Gözzendienst und die Lebensart der ersten Einwohner dieser Länder, vor der Erscheinung der Ynkas, beschreiben.

Drittes Kapitel.
Von der Abgötterey der Einwohner von Peru und den Gözzen, welche sie anbeteten, ehe sie unter die Herrschaft der Ynkas kamen.

Um die Abgötterey dieser alten Heyden abzuschildern, wollen wir von ihren Gözzen den Anfang machen. Der Leser wird in diesem Stücke viel Aehnlichkeit zwischen diesen Völkern und den alten Egyptern finden. Denn beyde waren geneigt sowohl viel

Götter anzubeten, als auch die geringsten und nichtswürdigsten Dinge unter die Anzahl derselben aufzunehmen. Jede Landschaft, jedes Volk, jeder Ort, jedes Haus, jede Familie hatte in Peru ihre eigenen, von den Andern unterschiedenen, Götter. Denn sie hegten die thörichte Meinung; nur der Gott, den sie sich erwählt, und dessen Schuzze sie sich besonders ergeben hätten, könne ihnen helfen und Gutes thun: um deßwillen achteten sie auch alle andere Götter für fremd. Man kann sich vorstellen, wie sehr die Anzahl ihrer Götter, durch diesen Aberglauben wachsen mußte. Da aber gar vieles fehlte, daß sie so viel Verstand, als die Griechen oder Römer gehabt hätten, so erhoben sich auch ihre Gedanken nicht zu unsichtbaren Dingen: es war nicht der Friede, der Sieg, die Tugenden, die Künste oder deß Etwas, was sie verehrten; sie beteten nichts an, als was sie sahen. Ihre vornehmste Sorge war nur diese; daß jedes Volk seinen besondern Gott, und jeder Hausvater einen andern Gott haben wolte, als

seine

seine Nachbaren. Von was für Natur und Werth diese Gottheiten wären, kam bey ihnen in keine Betrachtung. Daher kam es, daß Kräuter, Pflanzen, Blumen, Bäume, hohe Berge, Höhlen, Abgründe, grosse Steine, kleine mannigfarbige Kieseln, kurz alles, was sie nur sahen, der Gegenstand ihrer Verehrung werden konnte. In dem Lande, zum Beyspiel, welches hernach den Namen Puerto Viejo bekommen hat, betete man einen grossen Schmaragd an. Auch die Thiere genossen die Ehre unter ihren Göttern zu seyn. Viele von diesen Heyden warfen sich vor den Bären und Löwen, die ihnen aufstiessen, demüthig nieder, und Einige von ihnen verlohren ihr Leben; indem sie von ihren Gottheiten zerrissen wurden, ohne daß sie sich nur einfallen liessen, sich zu wehren, oder die Flucht zu ergreifen. Affen, Füchse, Hunde, Eulen und Luchse hatten ihre Anbeter so gut, als die grossen Schlangen im Lande Antis, welche fünf und zwanzig bis dreyßig Ellen lang sind. Der Vogel Cuntur, der größte unter allen, die

man

man kennet, genoß die Ehre der Anbetung von ganzen Völkern; welche sich auch rühmten, daß sie von ihm herstammten.

Dennoch waren einige Völker, die ihre Götter mehr mit Rücksicht auf die Wohlthätigkeit ihrer Natur wählten. Unter diese Anzahl gehörten diejenigen, welche schöne Wasserquellen, oder grosse Flüsse anbeteten, aus welchen sie ihre besäeten Aecker wässern konnten.

Einige verehrten die Erde und nennten sie ihre gute Mutter, Einige die Luft und Einige das Feuer. Andere hatten zu ihrer Gottheit einen grossen Schöps, und wieder Andere jene grosse Reihe Berge, welche Peru gegen Morgen umgiebt. Man fand Völker die den Mäyz oder wie sie es nennten, das Carra göttlich ehrten. Andere gaben diesen Vorzug gewissen Hülsenfrüchten, die ihre vornehmste Nahrung waren. Auch die an der Seeküste wohnten, hatten eine unendliche Anzahl Götter; allein überhaupt erkannten sie das Meer für die mächtigste unter allen Gottheiten und nenneten es Mamakocha,

das

Erstes Buch.

das ist ihre Mutter. Sie beteten auch den Wallfisch, wegen seiner ungeheuern Grösse, an. Ueberdieses aber verehrte auch jedes Volk an der Küste diejenige Art von Fischen vorzüglich, von welcher sie die meiste Nahrung hatte. Nicht, daß sie die Fische angebetet hätten, die sie fingen und tödteten; sondern sie behaupteten: Der Erste unter jeder Art von Fischen, wohnete in der höchsten Welt (so nennten sie den Himmel,) dieser erzeugte alle die Andern von seiner Art und schickte ihnen jährlich eine Menge von seinen Kindern zu, die ihnen zur Nahrung dienen solten. Nur bey den Chirhuanen und den Völkern um das Vorgebürge Passau, welche auf der südlichen und nördlichen Gränze des Reiches Peru wohnen, fand man keine Spuren der Verehrung einer Gottheit; sie sind auch von den Ynkas niemals bezwungen worden.

Vier-

Viertes Kapitel.
Von den Opfern dieser wilden Völker.

Die Opfer, welche diese alten Heyden ihren Gözzen brachten, waren den Göttern gemäß, die sie verehrten. Diejenigen welche Raubvögel, oder Raubthiere anbeteten, opferten ihnen das Fleisch solcher Thiere, welche sie sie verfolgen sahen. Den Göttern aber, welche Getraide, Hülsenfrüchte und dergleichen liebten, brachte man die Früchte der Erde zum Opfer. Allein diese Opfer waren nicht allezeit so menschlich: Einige Völker opferten auch ihre Gefangenen, welche sie im Kriege in ihre Gewalt bekamen; nicht nur Männer, sondern auch Weiber und Kinder. Sie schnitten ihnen den Leib in der Mitte auf, rissen ihnen das Herz und die Lunge heraus und bestrichen mit dem noch warmen Blute den Gözzen, welchen das Opfer gebracht ward. So bald dieses geschehen war, betrachteten ihre Wahrsager das Herz und die Lunge mit der größten Aufmerksamkeit, weil sie glaubten daraus ersehen zu können, ob das Opfer dem Abgotte angenehm

genehm sey), oder nicht. Hierauf verbrannten sie dieses Herz und Lunge vor dem Gözzen, das Fleisch aber verzehrten sie mit dem größten Appetit.

Von den Bewohnern des Landes Antis, welche die grossen Schlangen anbeteten, erzählt man: Wenn sie im Kriege, oder bey anderer Gelegenheit, einen Menschen zum Gefangenen machen, der unter den Seinigen von keinem Ansehen ist; so zerstücken sie ihn alsbald, und verzehren ihn mit ihren Freunden, ohne Umstände. Ist es aber ein Mann von Stande so versammeln sich die Vornehmsten mit ihren Weibern und Kindern, um bey seinem Tode gegenwärtig zu seyn. Hierauf binden ihn diese Unbarmherzigen an einen Pfahl und schneiden mit ihren scharfen Messern von harten Steinen, das Fleisch von den fleischichten Theilen ab und verzehren es mit der größten Begierde, vor den Augen des Unglücklichen. Sie beschmieren sich mit seinem Blute, und sezzen diese Grausamkeit so lange fort, bis den armen Leidenden das Leben verläßt. Sie nennen diese unmenschliche

liche Handlung ein Opfer, verehren dieses Fleisch sehr, und essen es, als eine heilige Sache. Kein Fest und keine Ergözlichkeit gewähret ihnen so vieles Vergnügen. Haben sie bemerkt, daß das unglückliche Schlachtopfer, während den Martern, die geringste Empfindung des Schmerzens in seinen Mienen oder Bewegungen gezeigt; oder ist ihm eine Klage oder ein Seufzer entfahren; so zerschlagen sie nach seinem Tode seine Gebeine und werfen sie mit Verachtung hinweg. Ist der Geopferte aber entschlossen und standhaft gewesen, hat er sich sogar wild und unempfindlich bey seinen Qualen bezeigt; so trocknen sie seine Knochen und Nerven an der Sonne, fügen jene vermittelst dieser zusammen hängen sie auf hohen Bergen auf und halten sie für ihre größten Götter, die sie verehren und denen sie Opfer bringen. Dieses abscheuliche Geschlecht von Menschen ist, wie man glaubt, aus Mexiko gekommen; es hat sich in den Gegenden von Darien und Panama ausgebreitet und ist endlich in die hohen Gebürge vorgedrungen, welche

Erstes Buch.

auf der einen Seite an Sankt Martha
 auf der Andern an das neue Königreich
renada stossen; Weder die Ynkas noch
 Spanier haben sie jemals bezwungen.
och dieses mag gnug seyn von den Opfern
ser armen blinden Völker.

Fünftes Kapitel.
Von ihrer Lebensart und Regierung.

ie Lebensart und Wohnung dieser alten
 Heyden war eben so barbarisch, als ihr
zendienst. Einige wohnten beysammen
einem umzäunten Plazze, wie die Thiere,
e Abtheilungen und ohne Strassen; An-
e bewohnten, aus Furcht vor feindlichen
berfällen, die Gipfel der Berge, und hiel-
 sich daselbst für so sicher, als die alten
ropäer in ihren Bergschlössern. Viele
hlten auch Höhlen zu ihrem Aufenthalte
 einige lebten zerstreut in Thälern, oder
 ihnen sonst die Natur einigen Schuz
r Decke anzubieten schien. So leben noch
izt die um das Vorgebürge Passau und
 Chirhuanen, welche auch kaum eine deut-

I. Theil.   B   liche

liche Sprache, um einander ihre Gedanken mitzutheilen, zu haben scheinen.

Der Stärkste und Kühnste unter ihnen, machte sich oft zu ihrem Befehlshaber. So bald er zu diesem Ansehen gelanget war, behandelte er seine Unterthanen mit aller Grausamkeit eines Tyrannen; er bediente sich der Mannspersonen als seiner Sklaven, und ihrer Weiber und Töchter als seiner Beyschläferinnen. Sie waren in beständigen Fehden mit einander begriffen, wobey sie auf das grausamste verfuhren. Da sich aber unter diesen eigenmächtigen Beherrschern, dennoch zuweilen einige befanden, welche ihre Unterthanen wie Menschen behandelten, ihre Streitigkeiten gerecht entschieden, und sie vor auswärtigen Anfällen in Sicherheit sezten; so trug es sich auch oft zu, daß diese gütigen Tyrannen, nach ihrem Tode als Götter verehrt und angebetet wurden. Allein in vielen Gegenden wohnten Völker, welche weder ein Oberhaupt, noch irgend eine Art von bürgerlicher Gemeinschaft hatten

Erstes Buch.

Sie brachten ihr Leben in einer Unempfindlichkeit zu, die man unschuldig nennen konnte, weil sie weder Böses noch Gutes thaten.

In den heissen Ländern säeten sie wenig oder gar nicht, ob sie gleich die fruchtbarsten waren; weil die Erde, durch den Ueberfluß an guten Kräutern, Wurzeln, Hülsenfrüchten und wildwachsenden Obst, ohnedem so viel gab, als sie zu ihrer Nahrung brauchten. Wir haben schon gesagt, daß man in verschiedenen Landschaften Menschenfleisch aß. Nur in wenigen bearbeitete man ein gemeinschaftliches Stück Land und genoß das Fleisch der zahmen Thiere, welche man genähret, oder der Fische und Vögel, welche man gefangen hatte.

Sechstes Kapitel.
Von ihrer Art sich zu kleiden und von ihren Heyrathen.

Die Wilden dieses ersten Zeitalters waren eben nicht mehr gekleidet, als die wilden Thiere: nichts, als die Haut, welche

che ihnen die Natur gegeben hatte, bedeckte sie. Einige banden eine Schnur von Hanf oder andern, dem ähnlichen Dingen, um den Leib. Im Jahre 1560, als ich aus Spanien nach Peru reisete, sahe ich fünf solche Amerikaner ganz nackend auf der Strasse zu Chartagena, wie die Kraniche oder jungen Gänse, hinter einander her gehen. Gleichwohl waren zu der Zeit die Spanier schon lange im Lande gewesen, und der Umgang mit ihnen hätte die Eingebohrnen von der Anständigkeit der Bedeckung des Leibes überzeugen können.

Die Frauenspersonen gingen eben sowohl nackend, als die Mannsleute; auser daß die Verheyratheten ein kleines viereckichtes Stück baumwollenes Tuch, anstatt einer Schürze, an einem groben Faden vorhanden. In denjenigen Ländern, wo man weder von spinnen noch weben etwas wußte, machten sie sich Schürzen von Blättern oder Baumrinden. Die Mädchen hatten auch einen Faden mit einer solchen kleinen Schürze um den Leib; aber ein gewisses Merknal daran gab zu erkennen, daß sie noch unverheyrathet wären.

So war die Kleidung, wenn man es so nennen kann, in den warmen Ländern beschaffen: in den kalten Gegenden aber waren die Menschen ein wenig mehr bedeckt. Allein nicht die Schamhaftigkeit, wie man leicht einsehen wird, sondern das Bedürfnis war die Ursache davon. Sie hülleten sich in die Häute wilder Thiere, oder auch in gewisse Decken, welche sie sich von wilden Hanfe machten. Dieses war eine Art von breiten Binsen, welche weich und wohlriechend waren und auf den Wiesen in grosser Menge wuchsen. Sie bedienten sich auch anderer ähnlicher Dinge zu ihrer Bekleidung. Einige trugen bunte Mäntel, die auf eine seltsame Art gewebt waren. Sie machten sie gewöhnlich von Wolle, oder auch von wilden Hanfe, welchen sie Chahuar nennten. Um den Hals herum waren sie zugebunden, und an den Leib mit einem Gürtel bevestiget. So kleideten sich diese Völker, ehe noch die Inkas ihnen eine bessere Lebensart lehreten.

Dieses

Dieses konnten die Spanier noch sattsam in den Ländern wahrnehmen, welche sich diese wohlthätigen Gesezgeber noch nicht unterwürfig gemacht hatten. Ja was noch mehr ist; einige Völker waren so wild, daß sie sogar nach ihrer Besiegung von den Spaniern nicht haben können bewogen werden, sich, gleich den andern Völkern, ordentlich zu kleiden.

Was ihre Heyrathen betrifft; so wird es nicht schwer seyn, sich die Beschaffenheit derselben, bey solchen wilden Völkern, vorzustellen. In einigen Gegenden glichen die Menschen in diesem Stücke den wilden Thieren: der Zufall brachte die Personen von beyderley Geschlechtern zusammen, ohne daß ein Mann eine gewisse und beständige Frau; oder ein Weib einen gewissen Mann hatte. An andern Orten verheyratheten sie sich zwar auf Lebenszeit, aber ohne einigen Unterschied zwischen Verwandten und Fremden zu machen. Ein Mann konnte seine Muhme, seine Schwester; ja sogar seine Tochter oder seine Mutter heyrathen. Doch

war

war an einigen Orten dieser lezte Grad der Blutsfreundschaft ausgenommen. Wiederum hielt man es in einigen Ländern für lobenswürdig, wenn die unverheyratheten Mädchen ein zügelloses Leben führten. Die Lüderlichsten bekamen am Ersten Männer. Man gab denen, die den wollüstigen Trieben folgten, den Namen, Herzhafte; die Eingezogenen aber nennte man, Feige, und warf ihnen vor, daß niemand ihre Gunstbezeugungen begehrt habe. Die Sitte anderer Länder war dieser gerade entgegen; wo die Mütter ihre Töchter mit der größten Sorgfalt hüteten.

Auserdem, was ich hier erzählt habe, bürdet man diesen alten Einwohnern des Landes, welches izt Peru genennet wird, noch viele ungeheuere und widernatürliche Laster auf; man giebt ihnen sogar Schuld, daß sie mit dem Feinde des menschlichen Geschlechts Umgang gehabt haben, und daß nicht wenig Zauberer und noch mehr Hexen unter ihnen gewesen sind. Da aber die Nachrichten aus einem so grauen Alterthume sehr ungewiß seyn müssen, und da die Geschichtschreiber, aus welchen man sie schöpfet, Mönche sind, welche, durch die aller abscheulichste Schilderung der Sitten vor Einführung des katholischen Glaubens, die Wohlthat und Vortrefflichkeit des Evangelii erst recht zu erheben glauben; so ist es wohl am besten, diese häßlichen Bilder nicht zu kopieren. Es mag also dieses, was ich von der Lebensart der alten Heyden gesagt habe, gnug seyn. Wir wollen nunmehr sehen, was für eine Gestalt dieses Land unter der Regierung der Ynkas annimmt.

Siebendes Kapitel.
Nachricht von den Quellen, aus welchen diese Geschichte geschöpft ist; oder zwote Vorrede.

Da ich eine Geschichte schreibe, in welcher ich oft von andern Schriftstellern abgehen werde; so sehe ich mich genöthiget vorher von den Quellen etwas zu sagen, aus welchen ich sie geschöpfet habe. Meine Geburt fällt in das achte Jahr nach der Eroberung

oberung der Stadt Cusko durch die Spanier. Dieses war der Ort, wo ich das Licht der Welt erblickte; meine Mutter war die Tochter eines Ynka, und mein Vater ein spanischer Hauptmann. Ich ward zu Cusko unter der Auffsicht meiner Mutter bis in das zwanzigste Jahr erzogen. Ihr Hauß war oft der Sammelplaz aller der wenigen Anverwandten, welche uns die Grausamkeit des Atahualpa, und der Krieg mit den Spaniern übrig gelassen hatte. Ihr grösstes Vergnügen war, sich von dem Ursprunge ihrer Könige, von ihrer Majestät, der Grösse ihres Reichs, ihren Eroberungen, ihren grossen Thaten und schönen Handlungen, ihrer Regierungsart zur Kriegs- und Friedenszeit und von ihren Gesezzen, die sie zum besten ihrer Unterthanen gegeben hatten, zu unterhalten. Kurz, es hatte sich nichts, für ihr Land, Vortheilhaftes zugetragen, welches sie nicht, in meiner Gegenwart, mehr als einmal zum angenehmen Gegenstande ihrer Gespräche machten. Oft gingen sie auch von diesen glücklichen Zeiten

ten zu dem traurigen gegenwärtigen Zustande über und sprachen, mit Thränenvollen Augen von dem Tode ihrer guten Könige, von dem Untergange ihres Reichs, und von der Verwüstung ihres Landes.

In meinen ersten Jahren hörte ich ihren Gesprächen oft, blos weil mir ihre Erzählungen Vergnügen machten, zu; nachdem ich aber zu mehrerm Verstande gekommen war, mischte ich mich selbst in ihre Unterredungen, erkundigte mich angelegentlich nach allen Umständen und erlangte nach und nach eine sehr genaue Wissenschaft, von der Geschichte und dem Betragen ihrer Könige gegen ihre Unterthanen und gegen ihre Feinde; von den Gesezzen, der Polizey, den Gewohnheiten, Gebräuchen, Opfern, Festen, Mißbräuchen, Wahrsagern, und Zeichendeutern dieses Landes. Mit einem Worte; es war nichts Merkwürdiges in dem, den Ynkas unterworfen gewesenen, Staate, wovon sie mich nicht unterhalten hätten. In den zwanzig Jahren, welche ich in Cusko verlebte, habe ich auch manches von den
Gebräu=

Gebräuchen und Handlungsarten der Einge=
bohrnen selbst bemerkt, und bin auch bey
vielen Festen und abergläubischen Ceremonien,
welche sie noch von ihrem ehemaligen Got=
tesdienste beybehielten, selbst gegenwärtig ge=
wesen. Endlich habe ich auch Mittel ge=
funden, eine Menge anderer Berichte von
den Eroberungen und merkwürdigen Thaten
ihrer Könige zu erhalten. Denn sobald ich
diese Geschichte zu verfertigen unternahm;
schrieb ich an die Gesellschafter meiner ersten
Jahre, und bat sie, daß mir ein Jeder für
sich, alle Nachrichten, welche er von den
Thaten der Ynkas bekommen könnte, schi=
cken möchte. Sie waren aus verschiedenen
Provinzen gebürtig, wo sie noch Anverwand=
ten hatten. Eine jede Provinz aber besaß da=
mals noch ihre Archive, oder Quippos,
wovon ich im folgenden ausführlich reden
werde, welche zur Unterstüzzung des Ge=
dächtnisses und zur Erhaltung der mündli=
chen Ueberlieferungen dienten. Die Gefähr=
den meiner Jugend hatten meine Absicht
kaum erfahren, als sie, über mein Vorha=
ben

ben erfreut, daſſelbe ihren Anverwandten eröffneten. So bald dieſe vernahmen, daß ein eingebohrner Peruaner, von dem Geſchlechte der Ynkas, den Vorſaz gefaßt habe, die Geſchichte dieſes Landes zu ſchreiben; ſo bemüheten ſie ſich um die Wette, Nachrichten aus ihren Archiven zu verfertigen, und ſie mir zuzuſchicken.

Da ich alſo von meiner Kindheit an die Erzählungen der vornehmſten Perſonen der Hauptſtadt von dem alten Reiche der Ynkas angehört und ihren Unterricht genoſſen habe; da ich von vielem, welches ich beſchreiben werde, Augenzeuge geweſen bin; und da ich die Berichte meiner Freunde aus verſchiedenen Provinzen vor mir habe, und ſie mit einander vergleichen kann; da ich endlich von meiner Geburt an in der Sprache der Ynkas und auch in der Sprache des Volkes in ihrem Reiche bin erzogen worden; ſo denke ich, man wird mir zugeſtehen, daß ich mit mehrerer Gewißheit, als irgend ein anderer Schriftſteller, von dieſem Lande und ſeiner Geſchichte ſchreiben könne.

Indem

Indem ich dieses verspreche, mache ich mich zugleich hier verbindlich, es mit der größten Genauigkeit zu thun, die mir nur möglich ist. So sehr ich mein Vaterland, meine Landesleute und meiner Vorfahren Ruhm liebe; so soll mich doch dieses gar nicht hindern, eine jede ihrer Handlungen nach der Wahrheit zu beschreiben, ohne Etwas daran zu verschönern, oder zu verschweigen.

Da ich zugleich die Absicht habe, dem Leser eine genaue Vorstellung von diesem grossen Reiche zu machen, welches man eher zerstört, als gekannt hat; so werde ich ohne Bemäntelung, alles, was die Abgötterey, den Aberglauben, die Gewohnheiten, die Opfer und die Gebräuche der alten Einwohner desselben betrifft, beschreiben: Ich werde auch ausführlich von ihrer Regierungsart, ihren Gesezzen und ihrem Betragen, im Kriege und im Frieden, handeln. Ich bin versichert, man wird in dieser Geschichte verschiedene Begebenheiten finden, welche mit einigen Stücken, sowohl der heiligen Geschichte,

schichte, als auch der heydnischen Götterfabeln einige Aehnlichkeit zu haben scheinet: Man wird eine Menge Gesezze und Gebräuche darinne wahrnehmen, deren Einige den europäischen ähnlich, Andere ihnen ganz entgegen sind; allein ich enthalte mich mit Fleiß aller Vergleichungen. Der Leser, welcher sie liebt, wird sie mit grösserm Vergnügen selbst machen, als sie hier lesen; und für die Andern sind sie überflüßig.

Ein jedes Volk, sagt ein vortrefflicher lateinischer Geschichtschreiber, dessen Entstehung im grauen Alterthume zu suchen ist, hat es sich angelegen seyn lassen, seinen Ursprung so ehrwürdig zu machen, als es gekonnt, und wenn es ihm möglich gewesen ist, hat es ihn gar von den Göttern hergeleitet. Man hat Ehrfurcht vor diesen heiligen, mit Erdichtungen erhöheten, Geschichten und verzeihet sie diesen alten Völkern gern; weil man dafür durch die Einfalt und Liebenswürdigkeit ihrer Sitten schadlos gehalten wird. Diese Bemerkung ist ungemein richtig; man wird sich daher nicht wundern, daß sie auch bey den Ynkas eintrifft.

Ich

Erstes Buch.

Ich will die Bescheidenheit jenes erst gerühmten alten Schriftstellers nachahmen: Ich will das, was die Ynkas von ihrem ersten Anherrn erzählen, nicht verschweigen; ob mich gleich ein besserer Unterricht, izt anders denken lehrt; ich will es vielmehr mit den Worten eines Ynka, meines alten Vetters, erzählen, welchen ich, in meinem siebenzehnten Jahre, um eine genauere Nachricht von der Entstehung des Reiches der Ynkas bat. Der Leser kann nicht mißvergnügt seyn, wenn ich ihm den Glauben des aufgeklärteren Theils dieses Volkes, von dem Ursprunge seiner Könige, vor Augen lege.

Es ist also mein alter Vetter, welcher in den folgenden drey Kapiteln spricht. Man wird ihn daher oft die Worte: "die Sonne unser Vater," im Munde führen hören. Er that dieses desto geflissentlicher, weil es ein Vorrecht seines Stammes, nemlich des Geschlechts der Ynkas war, sich ihrer gebrauchen zu dürfen; dahingegen ein Jeder, der kein Ynka war, und sich dieser Redensart

art bediente, als ein Gotteslästerer gesteinigt wurde.

Achtes Kapitel.
Von dem Ursprunge der Ynkas, Könige von Peru.

"In den ältesten Zeiten sahe man in diesem Lande nichts, als Gebürge, steile Felsen und tiefe Thäler, welche mit Gesträuchen und Dornenbüschen bedeckt waren. Die Menschen, welche in diesen Einöden lebten, waren, gleich den Thieren, ohne Religion und ohne Polizey. Sie wußten nichts von Häusern und von Städten; sie verstunden weder das Land zu bauen, noch Wolle oder Baumwolle zu spinnen, um sich Kleider zu machen, womit sie ihre Blöße hätten bedecken können. Sie führten ein ganz wildes Leben; zween oder drey Personen, wie es sich eben traf, wohnten bey einander, und blieben die Nacht über in Höhlen und Klüften. Sie nährten sich von den Kräutern auf dem Felde, von Wurzeln, von wildwachsenden Baumfrüchten und zuweilen sogar von

von Menschenfleisch, wie die wilden Thiere. Einige bedienten sich zu ihrer Bedeckung der Thierhäute, oder auch der Rinde oder der Blätter von den Bäumen; Andere gingen gar nackend. Mit einem Worte, sie führten ein ganz thierisches Leben, so daß auch nicht einmal ein Jeder seine eigene Frau hatte."

"Als die Sonne, unser Vater dieses elende Leben der Menschen sahe, hatte er Mitleiden mit ihnen und sendete zwey seiner Kinder, einen Sohn und eine Tochter vom Himmel herab, um sie zu unterrichten und sie zu lehren, unsern Vater, die Sonne für ihren Gott zu erkennen, und anzubeten. Diese beyden Kinder der Gottheit waren also gesandt, den Menschen Gesezze vorzuschreiben und Lehren zu geben, durch welche sie vernünftig und gesittet werden; in Häusern wohnen, Städte bevölkern, den Acker bauen, Viehzucht treiben, die daraus erwachsenden Vortheile geniessen, mit einem Worte, als wahre Menschen, und nicht wie Thiere, sollten leben lernen. Unser Vater, sezte sei-

I. Theil.   C   ne

ne beyden Kinder bey dem See Titikaka, welcher etliche hundert Meilen von hier ist, auf die Erde und sagte zu ihnen; Sie möchten von hier einen Weg nehmen, welchen sie wolten. Zugleich gab er ihnen einen kleinen goldenen Stab, welcher zween Zoll dicke und eine halbe Elle lang war, als das sicherste Zeichen seines Willens. Diesen Stab solten sie, wenn sie an einem Orte ausruhen wolten, in die Erde zu stossen versuchen. An dem Orte nun, wo dieser Stab, durch einen einzigen Stoß in die Erde hinein fahren würde; da solten sie bleiben, sich anbauen und ihre Hofstadt anlegen. Hierauf sagte die Gottheit ihnen in folgenden Worten, was ihre Pflicht sey:"

"Meine Kinder, wenn Ihr diese Völker
"zum Gehorsam gegen uns werdet gebracht
"haben; so traget Sorge, sie durch die Ge=
"sezze der Vernunft, der Frömmigkeit, der
"Güte und der Billigkeit glücklich zu ma=
"chen. Thut für sie alles, was ein guter
"Vater für seine Kinder, die er gezeugt hat
"und die er liebt, zu thun pflegt: Ihr wer=
"det

det hierinne meinem Beyspiele folgen: denn Ihr wisset, daß ich nie aufhöre, allen Sterblichen Gutes zu thun. Ich erleuchte sie mit meinem Lichte, ich erwärme sie durch meine Strahlen; ich mache ihre Felder und Weyde fruchtbar; ich bringe die Früchte auf ihren Bäumen zur Reife und vermehre ihre Heerden; ich gebe ihnen Regen und heiteres Wetter, wenn es nöthig ist; ich beleuchte ihre Erde rund um her alle Tage, um zu sehen, was sie nöthig hat und es ihr, zum Besten derer, die sie bewohnen, zu verschaffen. Ich will also, daß Ihr, als meine geliebten Kinder, die ich zum Besten und zum Unterricht dieser armen Menschen, die wie Thiere leben absende, mein Beyspiel nachahmet. Um deßwillen ernenne ich Euch, von nun an, zu Königen und will daß sich euer Reich über alle Völker, die Ihr durch starke Bewegungsgründe, durch gute Handlungen und vornemlich durch euer Beyspiel und euer gutes Regiment unterrichten werdet, erstrecke."

"Nach-

"Nachdem die Sonne, unser Vater seinen beyden Kindern auf diese Art seinen Willen zu erkennen gegeben hatte, beurlaubete er sie. Sie verliessen alsbald die Ufer des Sees Titikaka und wendeten sich gegen Mitternacht. Sie vergassen nicht, aller Orten, wo sie auf ihrem Wege Halte machten, nach dem Befehle, den sie empfangen hatten, Versuche mit ihrem goldenen Stabe zu machen; sie fanden aber allezeit, daß er nicht in die Erde hinein drang. Endlich, nachdem sie einen weiten Weg zurückgelegt, kamen sie an eine kleine Ruhestätte, welche acht Meilen von dieser Stadt, gegen Mittag ist. Man nennet diesen Ort gemeiniglich Pakarek-Tempu, das heißt: Ruhestatt des anbrechenden Tages; ein Name welcher ihm vom Ynka beygelegt wurde, weil er bey anbrechendem Tage diese Ruhestätte verließ. Hier siehet man noch heutiges Tages die Stadt, welche dieser Fürst hernach erbauen ließ, deren Einwohner sich diesen Namen zur größten Ehre rechnen. Als unser Ynka mit der Königin, seiner Gemalin, diesen

diesen Ort verlassen hatte, kam er in dieses Thal Cusko, wo man zu selbiger Zeit, wie ich schon gesagt habe, nichts als Berge und Abgründe sahe."

Neuntes Kapitel.
Von der Anlegung der königlichen Stadt Cusko.

"Der erste Ort, wo sie in diesem Thale stehen blieben, war die Stelle, welche man Huanakauti nennet, auf der mittäglichen Seite dieser Stadt. Hier machten sie eben den Versuch mit ihrem goldenen Stabe welchen sie schon so oft gemacht hatten. Auf den ersten Stoß, welchen sie damit auf den Boden thaten, fuhr er so tief in die Erde, daß sie ihn nie wieder zu sehen bekamen. Hierauf redete unser gute Ynka die Königin, welche seine Schwester und Gemalin war, also an: "Dieses Thal ist es 'also, in welchem unser Vater will, daß 'wir uns anbauen und wohnen sollen. Wir 'müssen uns nun bemühen, meine Schwe- 'ster und Königin, daß wir Menschen hierher "führen

"führen und zusammen bringen, um sie zu "unterrichten und ihnen Gutes zu thun, wie "uns unser Vater, die Sonne, befohlen "hat." "Nach diesen Worten verliessen sie Beyde Huanakauti, der Eine wendete sich nach dieser Seite, die Andere nach jener, um die Menschen zu versammeln. Weil dieses der erste Ort ist, den wir kennen, von welchem wir wissen, daß sie ihre Füsse darauf gesezt, und von da ausgegangen sind, um dem menschlichen Geschlechte Gutes zu thun; so haben wir daselbst einen Tempel gebaut, um darinne unsern Vater, die Sonne, anzubeten; zum Andenken der grossen Gunst und vielen Gnadenbezeigungen, welche er der Welt erwiesen hat. Der Prinz nahm seinen Weg gegen Mitternacht und die Prinzeßin gegen Mittag. Nachdem sie sich auf diese Art getrennt hatten, durchwanderten sie diese Wüsteneyen, welche die Gesträuche und abschüßigen Felsen, womit sie angefüllt waren, noch erschrecklicher machten, und hielten alle Menschen, die sie antrafen, Männer und Weiber, an. Sie sagten zu ihnen;

nen; die Sonne, ihr Vater habe sie vom Himmel gesandt, um die Beherrscher und Wohlthäter aller Menschen dieses Landes zu werden; denn sie solten sie von dieser wilden Lebensart abziehen, und sie lehren, sich als wahre Menschen zu betragen. Diese und ähnliche Vorstellungen thaten unsere Könige den ersten Wilden, welchen sie in diesen Gebürgen begegneten. Die Wilden waren sehr erstaunt, diese beyden Personen, angethan mit dem Schmucke, welchen ihnen die Sonne, unser Vater, gegeben hatte, zu sehen. Ihre Kleider waren ganz anders, als die Kleider dieser Unwissenden: und in ihren Ohren trugen sie Zierrathen, wie wir, ihre Nachkommen, sie tragen. Ueberdieses zeigte die Majestät ihres Ansehens und ihre nachdrücklichen Reden gnugsam, daß sie Kinder der Sonne und ausdrücklich um deßwillen auf die Erde gekommen waren, um die Menschen mit menschlichern, und lieblichern Speisen zu versehen, und ihnen Städte zu geben, worinne sie in bürgerlicher Eintracht mit einander wohnen könnten. Diese wilden Menschen, welche

welche sowohl über das, was sie sahen erstaunt, als auch durch die Versprechen, an denen sie nicht zweifelten, gerührt waren, beteten sie an, als Kinder der Sonne, und gehorchten ihnen, als ihren Königen. Hierauf versammelten sie sich an allen Orten und erzählten einander die grossen Wunder, die sie gesehen und gehört hatten: und nun kamen Männer und Weiber in grosser Anzahl zusammen und folgten unsern Königen, in der Absicht, sie, wohin sie sie auch führen würden, zu begleiten."

"Da unsere Könige indessen sahen, daß ihnen so viele Menschen nachfolgten, trugen sie Einigen auf, Lebensmittel für alle herbey zu schaffen, damit sie keinen Mangel litten und in diesen Gebürgen nicht vom Hunger genöthiget würden, sich zu trennen. Andern befahlen sie, nach dem Entwurfe, welchen ihnen der Ynka selbst machte, Wohnungen und Häuser zu bauen. Auf diese Art fing sich die Bevölkerung unserer königlichen Hauptstadt an. Sie ward alsbald in zween Theile getheilt; der Eine wurde Hanan-Cus-

Cusko (Ober-Cusko,) und der Andere Hurin-Cusko, (Unter-Cusko,) genennt. Der König fand für gut, daß die, welche er zusammengebracht in der Oberstadt; und die, welche mit der Königin gekommen waren, in der Unterstadt, wohnen solten. Uebrigens ward die Stadt nicht um deßwillen also eingetheilt, um dem Einen Theile vor dem Andern Vorzüge der Hoheit oder Freyheit zu geben; alle Einwohner waren vielmehr einander, als gute Brüder, die nur Einen Vater und Eine Mutter haben, vollkommen gleich. Der Ynka machte diese Anordnung nur, zum beständigen Andenken, daß er den einen Theil der Einwohner und die Königin den Andern derselben zusammengebracht habe; die von Ober-Cusko solten gleichsam als die ältern Brüder und die von Unter-Cusko als die Jüngern angesehen werden. Jenen Theil der Stadt solte man als den rechten Arm der königlichen Macht betrachten, weil seine Einwohner von einem Manne waren zusammengebracht worden; diesen Theil aber, als den linken Arm, weil sie unter der Anführung einer Frau zusammen gekommen waren. Auf diese Art wurden hernach alle Städte in unserm ganzen Reich abgetheilt, sie mochten klein, oder groß seyn. Denn die Eintheilung geschahe allezeit in Viertel, oder Familien, und man bediente sich dabey gewöhnlich der Wörter: Hanan-Suyu und Hurin-Suyu, (das Ober-Viertel und das Unter-Viertel;) oder Hanan-Ayllu, und Hurin-Ayllu, (die Obere-Linie und die Untere-Linie.")

"Zu eben der Zeit, da unser Ynka sich mit der Bevölkerung der Stadt beschäftigte, lehrete er seinen neuen Unterthanen auch verschiedene Dinge. Zum Beyspiel; den Acker zu pflügen, Getraide und Hülsenfrüchte zu säen, und kurz das Feld zu bauen: Er zeigte ihnen die nüzlichsten, angenehmsten und gesundesten unter diesen Gewächsen und wie sie sich dieselben zur Speise zubereiten solten: Er lehrte sie auch verschiedene zum Ackerbau dienliche Werkzeuge zu machen, und sich ihrer zu bedienen: Er wieß ihnen, wie sie sich die Bäche, welche durch das Thal Cus-

Cusko laufen, zu ihrem Vortheile gebrauchen könnten: Er lehrte sie sogar, sich diese Art von Kleidern und Schuhen, wie wir noch izt tragen, zu verfertigen. Die Königin blieb ihrer Seits auch nicht müßig: Sie machte die Weiber in allen Arten von weiblicher Arbeit geschickt; zum Beyspiele, Wolle, und Baumwolle zu spinnen und zu weben; Kleider aus dem Gewebten für sich, ihre Männer und Kinder zu machen und die Speisen, während der Mann seine Arbeit auswärts verrichtete, zu Hause zu bereiten. Kurz unsere Könige lehrten ihren ersten Unterthanen alles, was ihnen das Leben leicht und angenehm machen konnte."

Zehntes Kapitel.
Eroberungen des ersten Ynka, Manko-Capak.

"Diese ersten Unterthanen des Ynka sahen daß sie ganz andere Menschen geworden, als sie vorher waren und erkannten die Wohlthaten die sie von ihm empfangen hatten. Sie waren darüber so vergnügt und

und zufrieden, daß sie allenthalben in diesen Wüsteneyen herum gingen, um zu sehen, ob sie nicht Einige von ihren wilden Landesleuten finden könnten; und sobald sie Einen antrafen, so erzählten sie ihm mit grossen Freuden von den Kindern der Sonne, und sagten, daß sie in ihr Land gekommen wären, um der ganzen Welt Gutes zu thun. Sie beschrieben ihm die grossen Verbindlichkeiten, welche sie ihnen für die Wohlthaten hätten, die sie täglich von ihnen genössen; und zum Zeichen der Wahrheit wiesen sie auf die neue Art von Kleidung die sie izt trügen: zugleich beruften sie sich darauf, daß sie nicht mehr zerstreut und einzeln in Höhlen und wilden Einöden, sondern vereinigt in Häusern und Städten lebten. Diese Reden sezten anfangs die Andern Wilden in Verwunderung; hernach aber fanden sie Eingang bey ihnen und sie kamen in Menge herbey, um die wunderbaren Dinge, welche man ihnen von unsern ersten Eltern, unsern Königen und Herren erzählte, zu sehen. Nunmehr, da ihre eigenen Augen sie von dem, was sie

gehört

gehört hatten, überzeugten; ergaben sie sich ihrem Dienste gänzlich und leisteten ihnen einen vollkommenen Gehorsam. Diese Wunder wurden auf allen Seiten so bekannt, daß sich in wenig Jahren eine grosse Menge Volks bey dem Ynka versammelte und ihn in den Stand sezte, ein ansehnliches Heer in das Feld zu stellen, und diejenigen mit Gewalt zu zwingen, welche sich durch vernünftige Vorstellungen nicht zum Gehorsam und einer menschlichen Lebensart bereden liessen. In dieser Absicht lehrte er die Seinigen auch Bogen, Pfeile, Spiesse, Keulen und andere Waffen, deren wir uns noch izt bedienen, verfertigen und gebrauchen."

"Auf diese Art unterwarf der Ynka, gegen den Aufgang der Sonne, seiner Herrschaft alles Land, bis an den Fluß Paukartampu; gegen Niedergang eroberte er acht Meilen, bis an den grossen Strom Apurimak; und gegen Mittag breitete er seine Herrschaft neun Meilen weit, bis nach Quequisana, aus. In dieser Strecke Landes

46

des legte er mehr als hundert Flecken an, unter welchen die größten aus hundert Häusern, andere aber aus weniger Wohnungen bestunden; nachdem es die Gelegenheit des Ortes erlaubte. So war der Ursprung eines so grossen, mächtigen und berühmten Reichs; dieses waren die ersten Ynkas und Könige, von welchen das ganze Geschlecht der Ynkas, welches so zahlreich gewesen ist, abstammt. Der Name dieses ersten Ynka war, Manko Capak, und der Name der Königin, Coya Mama Oello Huako: Sie waren Bruder und Schwester, Kinder der Sonne und des Mondes; ihre Ankunft in diesem Lande sezzet man, nach einer muthmaslichen Rechnung in das vierhunderte Jahr vor dem Einfalle der Spanier in dieses Reich."

Eilftes Kapitel.
Volkserzählungen von dem Ursprunge der Ynkas.

Nachdem ich das, was mir der Ynka, mein Oheim, der Bruder meiner Mutter,

ter, von der Ankunft des Geschlechtes der Ynkas, in meiner Jugend entdeckte, erzählt habe; so wird es, zur Vergleichung, nicht unangenehm seyn, wenn man auch die Sage des Volks in den verschiedenen Gegenden dieses Reichs, von der Herkunft ihrer alten Könige, hier antrifft.

Der größte Theil der Peruaner, nemlich die, welche die mittägiche Gegend, die man Collasuyu, und die, welche die abendländische Gegend, die man Cuntisuyu nennet, bewohnen; haben folgende Erzählung davon: "Nach der grossen Ueberschwemmung (denn auch diese Völker reden von einer Sündfluth; man kann aber nicht unterscheiden, ob sie eine allgemeine, wie zur Zeit Noas, oder eine besondere, meinen,) kam ein gewisser Mann in die Gegend von Tiahuakanu, welches der Stadt Cusko gegen Mittag liegt. Dieser Mann war so mächtig, daß er die Welt in vier Theile theilte und sie vier andern Männern gab, welchen er die Ehre anthat, daß er sie Könige nennte. Der Erste führte den Namen Manko

Manko Capak, der Zwente hieß Colla, der Dritte Tokay, und der Vierte Pinahua. Sie sezzen hinzu, daß Manko Capak den nördlichen, Colla den südlichen, welcher noch von ihm den Namen führt, Tokay den östlichen und Pinahua den westlichen Theil bekommen habe. Sie wollen auch behaupten, daß diese Theilung Gelegenheit zu der Eintheilung gegeben habe, welche die Ynkas hernach von ihrem Reiche, unter dem Namen, Tahuantinsuyu, gemacht haben. Manko Capak sey hierauf nach Norden zugegangen und endlich im Thale Cusko angekommen, wo er diese Stadt erbaut und die benachtbarten Völker bezwungen und unterrichtet habe. Vom Manko Capak erzählen sie hernach eben das, was ich schon angeführt habe, von den Nachkommen der andern drey Könige aber wissen sie nichts zu sagen.

Die Peruaner, welche die Länder bewohnen, die Cusko gegen Morgen und Mitternacht liegen erzählen die Herkunft der Ynkas auf eine, der vorigen sehr ähnliche Art. Sie sagen; am Anfange der

Erstes Buch.

der Welt wären aus den Löchern oder Fenstern gewisser Felsen, nicht weit von der Stadt, an einem Orte, den man Paukartampu nennet, vier Männer und vier Weiber, welche Brüder und Schwestern waren, gekommen. Dieser Fenster, sezzen sie hinzu, sind drey; aber diese Leute kamen alle aus dem Mittelsten. Um deßwillen wurde es auch das königliche Fenster genennt und auf allen Seiten mit grossen goldenen Platten, in welche viel Edelgesteine gesezt waren, bedeckt. Die Fenster zu beyden Seiten waren auch mit Golde belegt, aber man sahe keine Edelgesteine daran. Den Ersten von diesen Brüdern nennen sie auch Manko Capak und seine Frau Mama Oellio. Sie glauben, daß dieser der Erbauer der Stadt Cusko gewesen sey, welcher Name in der besondern Sprache der Ynkas, Nabel, bedeutet; daß er sich diese Völker unterworfen, und sie menschlich und gesittet gemacht, und daß von ihm die Ynkas abstammen. Sie nennen den zweeten Bruder Ayar Cachi, den dritten Ayar Vehu, und den vierdten

I. Theil.   D   Ayar

Ayar Sauka. Die Bedeutung des Wortes Ayar ist nicht bekannt; Cachi bedeutet Salz; Vehu, Peruanischen Pfeffer und Sauka Ergözzen. Von diesen drey Brüdern und Schwestern erzählen sie tausend ausschweifende Dinge. Allein sie wissen ihren alten Erdichtungen, so gut als die europäischen Dichter ihren Götterfabeln, auch eine allegorische Bedeutung zu geben. Unter dem Namen Cachi oder Salz sagen sie, sind die guten Lebensregeln zu verstehen, welche der erste Ynka vortrug: der Name Vehu oder Pfeffer zeigt den Geschmack an, welchen das Volk an diesen Lehren fand: und Sauka, oder Ergözzen zielt auf die vollkommene Zufriedenheit, in welcher es bey der Befolgung dieser Lehren hernach lebte. Was sie aber einmüthig behaupten ist dieses, daß Manko Capak ihr erster König gewesen ist, von welchen die Andern abstammen.

Alle diese Fabeln, welche ich von den Ynkas erzählt habe, haben den andern Völkern in Peru Anlaß gegeben, eine unzähliche Menge ähnliche von dem Ursprunge ihre

rer Stammeltern zu erdichten. Es ist nicht leicht ein Peruaner, der nur einigen Ehrgeiz besizt, welcher nicht behaupten solte, er sey von dieser, oder jener Sache, von diesem oder jenem Thiere, wie es ihm eben einfällt, entsprungen. Quellen, Flüsse, Seen, Löwen, Tiger, Adler, Raubvögel, Cunture, Berge, Höhlen und Klippen müssen ihnen statt der Ahnen seyn; so wie es jedem sein Ehrgeiz oder seine Eitelkeit eingiebt.

Zwölftes Kapitel.
Städte und Flecken, welche der erste Ynka anlegte.

Ich komme wieder auf die Verrichtungen des Ynka Manko Capak zurück. Nachdem er die Stadt Cusko gebauet und sie in die Obere- und Untere-Stadt getheilt hatte; so legte er den Grund zu vielen Andern. Denn da er in der Gegend, welche dieser Hauptstadt gegen Morgen liegt, eine Menge Leute an sich gezogen hatte, so legte er in diesem Lande, welches sich bis an den Fluß Paukartampu erstrecket, zu beyden

D 2   Sei-

Seiten des königlichen Weges Antisuyu dreyzehn ziemlich ansehnliche Oerter an. Die Bewohner derselben waren beynahe insgesammt aus dem Volke, das den Namen Poque führet. Auf der Westseite wurden in einer Strecke Landes von neun bis eilf Meilen dreyßig Flecken von ihm bevölkert. Ihre Einwohner waren von den drey Völkern Maska, Chillqui, Papri. Gegen Norden legte man den Grund zu zwanzig Flecken, sie wurden mit Leuten aus den Völkern Maya, Canku, Chinchapukuyu und Rimaktampu besezt. Diese Flecken liegen größtentheils in dem schönen Thale Saksahuana; der entfernteste von diesen Wohnpläzzen liegt sieben Meilen von Cusko; die Andern aber zu beyden Seiten des königlichen Weges Chinchasuyu. Auf der Mittagsseite wurden acht und dreyßig bis vierzig solche kleine Städte erbaut. Achtzehn derselben wurden von dem Geschlechte der Aparmaka bevölkert, die Uebrigen von den Quespikancha, Muyna, Urkos, Quehuar, Huaruk und Cauina. Sie lagen zu beyden

Erstes Buch.

Seiten des königlichen Weges Collasuyu. Die Cauina hatten den thörichten Glauben; ihre Stammeltern wären aus einem Moraste hervor gekommen, in welchen die Seelen der Verstorbenen wieder zurück kehreten und darinne blieben, bis sie wieder von einem neugebohrnen Leibe Besiz nähmen. Sie hatten auch einen Gözzen von einer abscheulichen Gestalt, welchem sie ganz unmenschliche Opfer brachten. Manko Capak zerstörte den Gözzen, schaffte die Opfer ab und gebot ihnen, wie seine übrigen Unterthanen, die Sonne anzubeten.

Dieser Städte oder Flecken, wie man sie nennen will, waren ohngefehr hundert an der Zahl. Anfangs hatte der größte von diesen Pflanzörtern etwa hundert, der kleinste aber fünf und zwanzig bis dreyßig Wohnungen. Da ihnen aber vom Ynka Manko Capak, als seinen ersten Unterthanen, die sich ihm freywillig unterworfen hatten, viele Vorzüge ertheilt wurden; so nahmen sie in der Folge so zu, daß die größten bis zu tausend und die kleinsten bis zu vierhundert Häusern anwuchsen.

Dreyzehntes Kapitel.
Unterricht, welchen der Ynka seinen Unterthanen giebt.

Das Erste, was der Ynka seinen, in ordentliche Wohnungen gesammelten Unterthanen, lehrte, war, wie ich schon erwähnt habe, den Acker zu bauen und in ihren Hütten oder Häusern eine gewisse Art von Ordnung zu beobachten. Er zeigte ihnen die Verfertigung und den Gebrauch der, zu der Bequemlichkeit nothwendigsten Hausrathsstücke und suchte ihnen überhaupt das Leben so erträglich zu machen, als es möglich war. Alsdann unterrichtete er sie in den vornehmsten Gesezzen, welche der Natur des Menschen gemäß sind und ihm also von der Vernunft vorgeschrieben worden. Er führte gute Sitten unter ihnen ein und brachte sie dahin, daß sie die Vorschriften der Billigkeit und sogar der Höflichkeit unter einander beobachteten. Er stellte ihnen

vor,

vor, daß ohne Einigkeit und Vertrauen kein zufriednes Leben möglich sey; wolten sie aber diese Vortheile geniessen und alle Feindschaft und Mißtrauen aus ihren Wohnpläzzen verbannen; so müßten sie beständig die Regel beobachten: "Ein Jeder muß Andern so begegnen, wie er wünscht, daß Andere ihm begegnen." Er führte auch den Ehestand unter ihnen ein und verordnete, daß ein Jeder nur Eine Frau haben und sie sich unter seinen Verwandtinnen aussuchen solte; keiner aber durfte sich, vor dem zwanzigsten Jahre verheyrathen. Um seinen Unterthanen einen Begrif von der Keuschheit beyzubringen, gebot er ihnen, gegen die Frau eines Andern, oder eine Jungfer allezeit eine besondere Achtung zu bezeigen. Ueberdieses ließ er alles Schafvieh, das auf dem Lande herum irrete, zusammen bringen, und die Königin Mama Oello Huako unterrichtete sie, von der Wolle anständige Kleider zu machen. Auch sogar die Art von Schuhen, welche sie noch heut zu Tage tragen, die man Usuta nennet, lernten sie von ihm sich zu verfertigen. Nach diesem gab er einem jeden Volke, welches er sich unterwarf, einen Curaka, das ist, einen Statthalter, welcher für die, so ihm anvertrauet wurden, Sorge tragen mußte. Bey der Wahl dieser Leute, war er allezeit darauf bedacht, daß sie auf redliche Männer fiel, welche durch ihren Fleiß und gutes Beyspiel, zu der Unterwerfung der wilden Einwohner des Landes das Meiste beygetragen hatten. Diesen Statthaltern empfahl er allezeit sehr angelegentlich, die Völker, über welche er sie sezte, wie ihre Kinder zu unterrichten, dem Volke aber, den Statthaltern, als Vätern zu gehorchen.

Er befahl, daß man die ganze Erndte an Einem Orte in Verwahrung bringen solte, um hernach einen Jeden das, was er nöthig hätte, davon zu geben; bis man einem Jeden sein besonderes Stück Feld anweisen könnte.

Endlich richtete er auch sein Augenmerk auf den Gottesdienst. Er verbot ihnen alle Abgötterey und befahl ihnen; die Sonne als ihre

Erstes Buch.

ihre einzige Gottheit anzusehen, anzubeten und ihr, für die vielen Wohlthaten, die sie von ihr empfiengen, Dank zu sagen. Er stellte ihnen, zu diesem Endzwecke vor; die Sonne sey es, welche ihre Felder fruchtbar machte, ihre Heerden vermehrte und ihnen selbst Licht und Wärme gäbe: er sagte ihnen, daß sie ihr und dem Monde eine besondere Verehrung schuldig wären, weil sie ihnen ihre beyden Kinder zugeschickt, welche sie von der wilden und viehischen Lebensart abgewöhnt und ihnen gewiesen hätten, menschlich und einträchtig mit einander zu leben. Er zeigte ihnen hierauf den Ort an, welcher ihm am bequemsten schien, der Sonne einen Tempel zu bauen und ihr darinne Opfer zu bringen. Er befahl auch; sobald so viele Frauenzimmer von königlichem Geschlechte vorhanden seyn würden, als nöthig wären; so solten sie ein besonderes Haus für sie bauen, damit diese Damen darinne wohnen und der Sonne die Verehrung darinne erweisen könnten, die man ihr schuldig wäre. Er empfahl ihnen; alle diese Vorschriften auf das genaueste zu beobachten und zu erfüllen, um sich nicht gegen die grossen Wohlthaten, welche sie von ihr empfangen, undankbar zu erweisen. Er versprach ihnen auch noch andere, und grössere Gnadenbezeigungen, welche ihnen die Sonne würde wiederfahren lassen, wenn sie das thäten, was er ihnen sagte. Uebrigens versicherte er sie; es sey die Sonne selbst, welche ihm alles das eingäbe, was er ihnen sagte und dieser grosse Gott wäre, als ein gütiger Vater, sein Führer in allen seinen Handlungen und Reden.

Da die Einwohner dieses Welttheils allezeit, bis izt, sehr unwissend und leichtgläubig gewesen sind; so glaubten sie dem Ynka alles, was er ihnen sagte, und hielten ihn für einen Sohn der Sonne. Sie nahmen dieses desto eher für Wahrheit an, weil die Gewohnheit allgemein war, daß jede Familie sich eines so fabelhaften Ursprungs rühmte, wie ich schon erwähnt habe, ob sie ihn gleich nicht so edel angaben, wie der Ynka den seinigen. Da sie nun die Vorstellung

von

von ihrer eigenen Abkunft an der Erzählung
des Ynka nicht zweifeln ließ und da sie die
größten Vorzüge, welche er ihnen, vor an=
dern Menschen, verschafft hatte, so deutlich
empfanden; so beteten sie ihn als den Sohn
der Sonne an und versprachen seinen Befeh=
len auf das genaueste zu gehorchen. "Denn,"
sagten sie, "ein sterblicher Mensch konn=
te solche Dinge nicht lehren und ent=
decken, als wir von Manko Capak ge=
lernt haben, folglich muß er ein göttli=
cher Mann seyn, der Uns vom Himmel
zugesandt ist."

Vierzehntes Kapitel.
Vorzüge, Rechte und Ehrenzeichen, welche
der Ynka seinen Unterthanen ertheilte.

Um die grossen Beweise der Treue, Liebe
und Verehrung seiner ersten Untertha=
nen zu belohnen, und um sie aufzumuntern,
ihre Pflichten noch ferner unermüdet zu er=
füllen; machte er sie edel; indem er ihnen
den Namen Ynka, welchen er selbst führte,
ertheilte und ihnen erlaubte eben die Ehren=
zeichen

zeichen auf ihren Köpfen zu tragen, deren er sich bediente; einen kleinen Unterschied ausgenommen.

Um dieses deutlich zu machen, muß ich erinnern; daß der Ynka Manko Capak seine Haare vermittelst eines scharfen Werkzeuges von Feuersteinen, Stufenweise abschneiden, und nicht höher, als einen Fingersbreit stehen ließ. Eben dieses thaten auch seine Nachkommen.

Auf dem Kopfe trugen die Ynkas eine Art von geflochtenem Bande, oder Schnur von verschiedenen Farben, und ohngefehr so dick als ein Finger; sie ging vier oder fünfmal um den Kopf herum, und sahe einem Kranze nicht unähnlich. Man nennte sie Llautu. Sie stachen sich auch Löcher in die Ohrläpchen, und gaben sich Mühe, jene so zu erweitern und diese so lang zu dehnen; daß es einem Jeden, der es nicht mit Augen gesehen, unglaublich vorkommen muß. An Schnüren, welche eine viertel Elle herunter hiengen und eines halben Fingers dick waren trugen sie alsdann Ohrringe, welche

Erstes Buch.

*he im Umfange so groß waren, als ein Pokal. Dieses thaten sonderlich die Frauenzimmer.

Das erste Vorzugsrecht, welches der Ynka seinen geliebten Unterthanen zugestand, war, das Llaute, oder die vierfache Schnur um den Kopf wie er zu tragen; nur mußte sie schwarz und nicht von mancherley Farben seyn. Einige Zeit darnach erlaubte er ihnen auch, sich die Haare Stufen-, oder Treppenweise abzuschneiden, aber nicht so kurz als seine eigenen, auch nicht ein Geschlecht, wie das Andere. Um jedes Volk in den Ländern die er besaß, desto leichter von den Andern zu unterscheiden; befahl er, daß man bey dem einen Volke einen hohen Hut, aber ohne Krempe, der bis über die Schläfe ginge, tragen und die Haare auf beyden Seiten so lang, als die Ohren herunter hangen lassen solte. Bey Andern solte der Hut, oder das Biret, wie man es nennen will, bis halb über die Ohren gehen, und so fort.

Ueberhaupt muß man merken, daß die Ynkas sowohl, als ihre Unterthanen, die größte Sorge trugen, daß ihre Haare immer

auf

auf einerley Art zurecht gemacht waren, und ihr Kopfpuz immer einerley Gestalt behielt. Ein jedes Volk aber war auf seinen Kopfpuz stolz, zumal wenn er ihm vom Ynka vorgeschrieben war.

Als der Ynka Manko Capak wahrnahm, wie sehr seine Unterthanen, durch diese, ihnen zugestandenen, Ehrenzeichen gerührt waren; so ermangelte er nicht, sich dieses leichten Mittels, ihre Herzen an sich zu ziehen, und sie sich ganz eigen zu machen, einige Zeit darnach, ferner zu bedienen. Als eine besondere Gnade, gab er ihnen die Erlaubnis, sich Löcher in die Ohren zu stechen, doch mit der Bedingung, daß sie nur halb so groß, als die Löcher in den Ohren des Ynka, seyn solten. Er sezte noch hinzu, daß sie auch verschiedene Zierrathen, nach der Verschiedenheit der Völker und Länder, tragen solten. Einige, als zum Beyspiel die Völker Mayu und Canku mußten Stückchen Holz, so dick als ein Finger in den Ohren tragen; Andere, die Poques, einen Büschel Wolle, welcher auf beyden Seiten so dick

als

als ein Daumen, aus dem Ohrläpchen hervor stehen mußte. Die Völker Muyna Huaruk und Chillqui machten sich ihre Ohrgehänge von gemeinen Binsen, welche man in Peru Tutura nennt. Das Volk Rimaktampu und seine Nachbarn, trugen auf Befehl des Ynka Stücken von dem Holze in den Ohren, welches man bey ihnen Chuchau und auf den Antillen Maguey nennet. Aus besondern Wohlwollen befahl er, daß die drey Völker Urkos, Yukay und Tampu, welche am Flusse Yukay wohnen, grössere Löcher in den Ohren haben solten, als alle Andere. Ihre Ohrenringe solten auch von den Binsen Tutura seyn, weil diese den Ohrengehängen, welche der Ynka trug anr ähnlichsten waren. Jemehr diese Ehrenzeichen der Tracht des Ynka ähnlich waren, desto höher wurde sie geachtet. Und diese bekamen gewöhnlich die Völker, welche sich am gelehrichsten bewiesen; welche die Lehre des Ynka am leichtesten gefaßt, und die zu der Unterwerfung der andern Völkerschaften das Meiste beygetragen hatten.

Uebri-

Uebrigens aber muß ich erinnern, daß nur die Ynkas vom Geschlechte des Manko Capak eigentliche Ohrengehänge, oder Ohrringe, die an Schnuren hingen, trugen; die Andern aber trugen die Ohrringe in den Ohren selbst, ohne lang herabhangende Schnuren.

Da der Ynka Manko Capak seinen Unterthanen allezeit sagte, daß er alles dieses auf Befehl seines Vaters, der Sonne thäte, und da sie merkten, daß ihnen seine Anordnungen nüzlich waren, so glaubten sie ihm willig und wurden immer gehorsamer gegen seine Befehle, er mochte ihnen begegnen wie er wolte.

Funfzehntes Kapitel.
Lezter Wille und Tod des Ynka Manko Capak.

Manko Capak regierte verschiedene Jahre, aber man weiß die Zahl derselben nicht genau: Einige sagen, er habe das Zepter dreyßig Jahre lang, Andere während mehr als vierzig Jahren geführt. Als er endlich merkte,

Erstes Buch.

erkte, daß er bald sterben würde, ließ er
le seine Kinder, sowohl diejenigen, welche
 mit der Königin Mama Oello Huako,
s auch die, welche er mit seinen Kebswei=
rn erzeugt hatte, vor sich kommen. Denn
 hatte verschiedene Weiber, weil er sagte,
ß es dem Staate vortheilhaft sey, wenn
ele Kinder der Sonne vorhanden wären.
achdem sich diese um ihn versammelt hat=
n, ließ er auch seine vornehmsten und be=
nstigten Unterthanen herbey rufen, und
elt eine lange Rede an sie, worinne er ih=
n seinen lezten Willen offenbarte.

Seinem Erbprinzen und andern Kindern
pfahl er für das Erste nur überhaupt;
 solten seine Unterthanen lieben und sie bey
rem Eigenthume schützen. Seinen Unter=
anen aber bestätigte er nochmals die Gna=
nzeichen, welche er ihnen ertheilt hatte:
ie und ihre Nachkommen solten in dem
gestörten und völligen Besiz des Tittels,
nka, mit allen den Vorzügen und Rech=
n, die damit verknüpft wären bleiben; zur
elohnung dafür, daß sie die Ersten von

I. Theil.   E   seinen

seinen Unterthanen gewesen wären, welche sich ihm auch freywillig unterworfen hätten. Doch solten ihre Weiber und Töchter niemals, wie die vom königlichen Geblüte, die Tittel Pallas, oder Coya führen. Er erlaubte ihnen auch nochmals ausdrücklich, die Stirnbinde Llautu zu tragen, und behielt für sich und die Könige, seine Nachfolger, nichts zum voraus, als daß die königliche von verschiedenen Farben, und mit farbiger Fransen, welche ihm die Stirne bedeckten, besezt war. Der jedesmalige Erbprinz trug gelbe Fransen, welche nicht so lang waren als die, welche von der Binde des Königs herab hingen.

Der sterbende König sagte; er erwies seinen geliebten Unterthanen diese Gnadenbezeigungen um soviel lieber, weil er sich von Ihnen und den Ihrigen verspräche; sie würden ihren künftigen Königen beständig getreu dienen, und ihnen, zur Vergrösserung des Reichs der Kinder der Sonne, bey der Unterwerfung und Bezwingung der noch übrigen wilden Völker mit aller Treue beystehen

Erstes Buch.

Er bat sie, sich allezeit dieser Gnadenbezeigungen zu erinnern, und sie tief in ihre Brust zu graben, damit sie nie ihre Pflicht, als gute und getreue Unterthanen aus den Augen sezzen möchten. Uebrigens solten sie die Gesezze, welche er ihnen auf ausdrücklichen Befehl, seines Vaters, der Sonne gegeben, auf das sorgfältigste halten. Nachdem er ihnen Dieses gesagt hatte, entließ er sie.

Nunmehr that er seinen Kindern noch eine besondere Vorstellung, welches die lezten Worte waren, die er in seinem Leben sprach: "Erinnert Euch beständig," sagte er, "daß Ihr Kinder der Sonne, und also verbunden seyd, sie zu verehren und ihr zu gehorchen. Ahmet mir nach, und traget Sorge daß die Gesezze und Befehle euers Vaters unverbrüchlich gehalten werden, indem Ihr sie zuerst haltet. Seyd sanftmüthig und mitleidig gegen Jedermann. Suchet Euch die armen wilden Völker vielmehr durch Wohlthaten und Liebe, als durch die Gewalt der Waffen zu unterwerfen. Die, welche Ihr

durch

durch Zwang und Gewaltthätigkeiten Euch
zu gehorchen nöthiget, werden niemals gute
Unterthanen seyn. Befördert das Wohl eue-
rer Völker durch Gerechtigkeit und gebet niemals zu, daß man ihnen Unrecht thue.
Mit Einem Worte; Zeiget Euch, in allen
euern Handlungen, als wahre Kinder der
Sonne, und bekräftiget das, was Ihr durch
Worte behauptet und lehret, durch Thaten;
damit Ihr Niemanden an euern Reden zu
zweifeln Ursache gebet. Unterrichtet euere
Kinder in alle dem, was ich Euch gesagt
und gelehret habe; damit meine Vorstellungen bey ihren Nachkommen, von Geschlecht
zu Geschlechte fortgepflanzt, und den Befehlen
unsers grossen Vaters allezeit auf das hei-
ligste nachgelebt werde." Endlich sagte er
"Die Sonne ruft mich, bey ihr soll ich di
Ruhe, die Belohnung meiner mühsame
Arbeit geniessen. Lebt wohl, meine Kinder
lebt friedlich und einträchtig mit einande
Ich werde allezeit für Euch sorgen, wen
ich auch im Himmel bin; meine Gunstbeze
gungen werden Euch begleiten und ich werd

nie unterlassen, Euch in allen euern Nöthen beyzustehen.

Dieses waren die lezten Worte des Ynka Manko Capak. Er starb als er diese Vermahnung an seine Kinder vollendet hatte. Sein Erbe und Nachfolger war, der Prinz Sinchi Roka, sein ältester Sohn, welchen er mit der Coya Mama Oello Huako, seiner Schwester und Gemalin gezeugt hatte. Er hatte von dieser Prinzeßin noch andere Söhne und auch Töchter, welche er mit einander verheyrathete, um das Blut der Kinder der Sonne rein zu erhalten. Um deßwillen genossen auch die, welche sich rühmen konnten, daß sie von diesem göttlichen Blute, ohne Beymischung eines andern Geschlechts, herstammten, grosse Ehrerbietung. Alle andern Geschlechter hingegen nennten sie menschliche, wenn sie auch von den Curakas, den größten Herren unter den Unterthanen der Ynkas herstammten.

Der Ynka Sinchi Roka vermälte sich mit seiner ältesten Schwester, welche den Namen Mama Oello, oder wie Einige behaupten,

haupten, Mama Cora, führte. Dieses that er nach dem Beyspiele seiner Eltern, oder wie man sagte, nach dem Beyspiele der Sonne und des Mondes, seiner Anherren; auch bekam der Sohn, welcher aus dieser Verbindung erzeugt werden würde, ein desto ungezweifelteres Recht auf die Nachfolge im Reiche. So verheyrathete er auch seine andern Brüder und Schwestern, sowohl rechtmäßige, als natürliche, mit einander; wie es Manko Capak, im Namen der Sonne, verordnet hatte. Dieses ward in der Folge allezeit beobachtet, doch wurden die Töchter der Ynkas, welche sie mit Kebsweibern erzeugt, auch in andere Familien verheyrathet.

Der Tod des Ynka Manko Capak ging seinen Unterthanen sehr zu Herzen. Sie hielten ihm ein Leichenbegängniß, balsamirten seinen Körper ein, um ihn nicht ganz zu verliehren, und betrauerten ihn verschiedene Monate. Sie beteten ihn als einen Gott und Sohn der Sonne an; brachten ihm viele Opfer, von zahmen Thieren und auch von

Früch-

Früchten und erkannten ihn für den obersten Herrn, alles dessen, was er ihnen hinterlassen hatte.

Aus dem, was ich erzählt, und von der natürlichen Beschaffenheit und Lebensart der ersten Einwohner dieses Landes angemerkt habe; lässet sich ohne Schwürigkeit muthmassen, daß dieser Stifter des Reichs der Ynkas, dieser Manko Capak ein Amerikaner aus irgend einem poliziertern Theile dieses grossen Landes, oder wohl gar aus Einer der gegen Asien zu liegenden Inseln müsse gewesen seyn, dem es weder an Verstande noch an Klugheit gefehlt habe. Er bemerkte die äuserste Dummheit und Unwissenheit der Völker, unter welche er mit seiner Frau gerathen war und beschloß, sich dieselbe zu Nuzze zu machen. Um sich bey ihnen in Achtung zu sezzen, gab er vor; Er und seine Gemalin wären Kinder der Sonne, und vom Himmel gesandt, sie zu unterrichten und ihnen Gutes zu thun. Seine Bekleidung und, obwohl sehr einfacher, Kopfpuz, welche beyde bey diesen wilden Völkern

Etwas ungesehenes waren, trug nicht wenig
bey, seinen Worten Glauben zu verschaffen.
Sogar die Grösse seiner Ohren, welches viel‍
leicht in dem Lande wo er herkam eine
Schönheit, oder bey ihm ein Naturfehler
war, wußte er sich zu Nuzze zu machen; sie
wurde ein ehrwürdiges Unterscheidungszeichen
des Sonnengeschlechts. Die Vortrefflichkeit
seiner Anordnungen und die väterliche Sanft‍
muth seiner Herrschaft bestätigte aber wohl
in der Folge seine Unterthanen am allermei‍
sten in ihrem Glauben. Denn dieses Volk,
welches zu scharfsinnigen Muthmassungen und
spizfindigen Schlüssen von Natur nicht auf‍
gelegt ist, siehet auf nichts so sehr, als
die Handlungen der Menschen. Bemerkt es
daß die Thaten und das Betragen seines
Herrns mit seinen Vorschriften und Gesez‍
zen übereinstimmen; so lässet es sich durch
sein Beyspiel überzeugen und lenken, wie er
will, ohne daß er andere Ueberredungskün‍
ste oder Beweise nöthig hat, um seine Ab‍
sichten bey ihnen zu erreichen. Ohngeachtet
der Meinung, welche ich hier geäusert, ha‍
be

Erstes Buch.

be ich dennoch, die Geschichtsfabeln von der Abkunft des Manko Capak erzählen wollen, um zu zeigen: daß sie ohngeachtet ihrer übrigen Verschiedenheit, doch alle darinne überein kommen; daß Manko Capak der erste Ynka sey und daß weder die Ynkas von königlichem Blute, noch auch die Uebrigen im Lande, ihren Ursprung von einem Andern herleiten.

Sechzehntes Kapitel.
Von den königlichen Namen und ihrer Bedeutung.

Um nichts von dem, was zu der Person und der Regierung des Ynka Manko Capak gehört, zu übergehen und auch in der Folge der Geschichte nichts ohne Noth undeutlich zu lassen, muß ich hier einen kleinen Anhang von den königlichen Namen und Titteln des Manko Capak und seiner Familie, machen.

Der Tittel Ynka gehörte eigentlich nur dem Könige und seinen Anverwandten männlichen Geschlechts. Ward er dem Re=
genten

genten gegeben so bedeutete er König, bey den Andern aber bedeutete er nichts weiter, als einen Prinz von königlichem Geblüte. Die Ynkas welche in der That vom Manko Capak abstammten und königlichen Geblüts waren, sind größtentheils, kurz vor der Ankunft der Spanier in Peru, von dem Tyrannen Athahualpa ausgerottet worden; Einige wenige, welche noch übrig geblieben sind, leben arm und unbekannt. Die mehresten aber, welche sich in Peru den Namen Ynka anmassen, sind von dem Geschlechte derer, welchen er, als eine besondere Gnade, vom Ynka Manko Capak ist ertheilt worden.

Manko war ohne Zweifel der eigene Name, welchen der Erste Ynka trug; denn er hat in der peruanischen Sprache keine Bedeutung.

Capak war ein Tittel, welchen die Peruaner ihrem Könige, aus Erkenntlichkeit für seine Herablassung gaben, als er sie mit dem Tittel Ynka beehrte. Es bedeutet so viel als Allein. Daher heißt Capak Ynka so viel als Alleinherrscher oder Monarch. Capak

Erstes Buch.

pak heißt auch großmüthig, prächtig, königlich. Das vornehmste Unterscheidungszeichen des Capak Ynka, war die rothe Binde, und zwey Federn aus den Flügeln des Vogels Coraquenque, welche sie, in diese Binde gesteckt, gerade aufwärts trugen. Die Federn waren schwarz und weiß; man nahm aus jedem Flügel die Erste.

Huakchakuyak, Liebhaber und Wohlthäter der Armen, war ein anderer Tittel; welchen Manko Capak von seinen Unterthanen empfing, welcher ihm und seinen Nachfolgern, denen er gegeben ward, nicht weniger Ruhm brachte; weil er anzeigte, daß sie für das Wohl der Armen und Unvermögenden besondere Sorge trügen.

Yntip Churin, oder Sohn der Sonne, war ein Name, den sie ihm und allen seinen Nachkommen männlichen Geschlechts beylegten, weil sie glaubten, daß dieses prächtige Gestirn, welches sie für eine Gottheit hielten, der Urheber seines Daseyns wäre.

Auqui, welches mit dem spanischen Namen Infant überein kömmt, war der Tittel

tel, welchen alle Prinzen, Söhne und Verwandten des Königes, vor ihrer Verheyrathung führten. Wenn sie aber vermält waren, beehrte man sie mit dem Namen Ynka.

Wir wollen nunmehr zu den weiblichen Namen und Titteln, welche unter den Kindern der Sonne gebräuchlich waren, übergehen.

Coya, das ist Königin, war der Tittel, welchen man der rechtmäßigen Gemalin des Capak Ynka, oder der Königin, gab.

Mamanchik, das heißt unsere Mutter, war ein anderer Tittel, welchen man ihr ertheilte, weil sie die Mutter aller ihrer Verwandten und Unterthanen vorstellte. Man pflegte auch, durch eine Uebertreibung, ihre Töchter Coyas zu nennen; eigentlich aber kam dieser Tittel nur der Königin zu.

Palla war der Tittel, welchen man den Kebsweibern des Königes, wenn sie aus seiner Verwandtschaft waren, wie auch allen Prinzeßinnen zu geben pflegte. Denn Palla heißt eine Dame von königlichem Geblüte. Die Kebsweiber des Königes aber, welche

Erstes Buch.

welche nicht aus dem königlichen Geschlechte waren, nennte man Mamakuna, dieses bedeutet eine Frau, welche die Stelle einer Mutter zu vertreten verpflichtet ist.

Nusta war der Tittel, welchen man allen unverheyratheten Prinzeßinnen gab, deren Mütter von königlichem Geblüte waren. War aber eine Prinzeßin mit einer Ausländerin erzeugt, so nennte man sie nicht schlechtweg Nusta, sondern man sezte den Namen des Landes hinzu, aus welchem ihre Mutter herstammte. Man sagte, zum Beyspiele, Colla Nusta, Huanka Nusta, Quito Nusta. Wenn sie aber verheyrathet waren, nahmen sie den Tittel Palla an.

Alle diese Tittel bekamen nur die Personen, deren Väter von königlichem Geblüte waren. Waren aber die Mütter nur von königlichem Geschlecht, die Väter aber nicht, so bekamen die Kinder die Tittel oder Namen ihrer Väter. Denn oft verheyratheten die Ynkas ihre Verwandtinnen an Curakas oder andere mächtige Herren des Landes.

Wenn

Wenn wir nun diese männlichen und weiblichen Namen mit einander vergleichen; so finden wir, daß Capak Ynka welches so viel als Monarch oder Alleinherrscher bedeutet, mit dem Tittel Coya, das ist Königin in einem Verhältniß stehet: daß Huakchakuyak, Wohlthäter der Armen mit Mamanchik, unsere Mutter überein kömmt: daß Auqui mit Nusta; und Ynka, im allgemeinen Verstande mit Palla ähnliche Tittel sind.

Dieses waren die Tittel in der königlichen Familie; allein die Curakas so ansehnlich und mächtig sie auch waren, durften sich so wenig, als die andern Personen in ihrer Familie, derselben anmassen.

Ende des Ersten Buchs.

Geschichte
der
Ynkas,
Könige von Peru.

―――――

Erster Theil.
Zweytes Buch.

Innhalt
des
Zweyten Buchs.

Regierung der vier Könige von Peru, Sinchi Roka, Cloque Yupanqui, Mayta Capak, und Capak Yupanqui.

Erstes

Zweytes Buch.

Erstes Kapitel.
Vorerinnerung von der Eintheilung des Reichs der Ynkas.

Wir haben im ersten Buche gesehen, wie der Ynka Manko Capak die Völker, welche er nach und nach zum Gehorsam brachte, von ihrer wilden oder vielmehr thierischen Lebensart abzog und sie menschlich und friedlich, unter seinem sanften Regiment, leben lehrte. Er rottete auch die ganz unvernünftige Abgötterey unter ihnen aus und lehrte sie die Sonne und ihre Kinder die Ynkas verehren; welches zwar auch ein Götzendienst, aber dennoch nicht so unsinnig und abscheulich oder für die Sitten so schädlich, als der vorige war. Da, nach des Ynka Manko Capak Vorgeben, die Sonne ihre Kinder zu Herren der ganzen Erde bestimmt hatte; so theilten diese Ynkas auch gleich beym Anfange ihrer Eroberungen, ihr Reich in vier Theile, welche sie nach den

I. Theil. F vier

vier Himmelsgegenden benennten. Dem Ganzen gaben sie den Namen Tahuantinsuyu, oder die vier Theile der Welt. Der Mittelpunkt war die Stadt Cusko; was von dieser Stadt gegen Morgen zu lag, nennten sie Antisuyu von den Antis einem Volke, welches am Fuße der Gebürge Antis wohnte. Das Wort Cuntisuyu bezeichnete die Länder gegen Abend und war vermuthlich von dem kleinen Lande Cunti, welches westwärts von Cusko lag, hergenommen. Alle Länder die gegen Mitternacht zu lagen, sogar Quito mit eingeschlossen, begrif man unter dem Namen Chinchasuyu; denn die Provinz Chincha, eine von den größten in Peru, lag der Hauptstadt gegen Norden. Collasuyu nennten die Ynkas alle ihre Eroberung gegen Mittag, bis in Chili hinaus. Der Name war von dem Volke der Collas hergenommen, welches gegen Süden wohnte, und eines der zahlreichsten in Peru war.

Von diesen Benennungen der vier Gegenden des Reichs der Ynkas, erhielten auch die vier königlichen Hauptstraßen, welche vo

Cusko aus, nach den vier Weltgegenden zu laufen, den Namen. Man nennte, zum Beyspiel die Strasse, welche nach Osten zu ging, den königlichen Weg von Antisuyu, den, welcher nach Süden führte, den königlichen Weg von Collasuyu, und so fort. Dieses mußte ich, wegen der oft zu erzählenden Heereszüge der Ynkas vorher erinnern.

Zweytes Kapitel.
Leben und Thaten des Sinchi Roka, zweeten Königs aus dem Geschlechte der Ynkas.

Der Ynka Manko Capak hatte zum Nachfolger seinen Sohn, Sinchi Roka. Der Name Sinchi, welcher so viel heißt als stark, scheint ihm um deßwillen beygelegt zu seyn, weil er in den Leibesübungen, die eine besondere Leibesstärke erfodern, als im Laufen, Ringen, Werfen und dergleichen, alle Menschen seiner Zeit soll übertroffen haben.

Sobald dieser Fürst seinem Vater ein prächtiges Leichenbegängniß gehalten, und die könig-

königliche Binde, mit farbigen Fransen besezt, angenommen hatte; beschloß er, die Gränzen seines Reichs zu erweitern. In dieser Absicht versammelte er die vornehmsten Curakas seines Landes, und hielt eine lange Rede an sie, um ihnen seinen Entschluß kund zu thun.

"Mein Vater," sagte er, "hat mir, vor seiner Rückkehr in den Himmel, vorzüglich empfohlen, die rohen Völker dieses Landes zu der Erkenntniß und Anbetung der Sonne anzuführen. Um seinem Befehle nachzukommen, bin ich Willens meine noch ungesitteten Unterthanen an den Gränzen dieses Reichs zusammen kommen zu lassen und ihnen zu sagen; da sie den Ynka für ihren König erkenneten; so wären sie auch verbunden nach seinem Beyspiele, der Sonne, die unser allgemeiner Vater ist, eben so, wie ich selbst, zu verehren: ich beföhle es ihnen auch hiermit ausdrücklich, weil dieses nothwendig zu ihrem eigenen Besten, und den Vortheile ihrer Nachbaren gereichen müsse Euch selbst, Ihr Curakas, muß daran gelegen

gen seyn, diese Unglücklichen aus dieser unordentlichen und unvernünftigen Lebensart, in welche sie versunken sind, heraus zu ziehen, weil Ihr alsdann bey bessern Nachbarn sicherer leben werdet. Ihr wisset, daß Euch die Ankunft meines Vaters in einen weit glücklichern Zustand versezt hat, als derjenige war, worinne Ihr vorher lebtet; Ihr seyd also hinwiederum verbunden, mir, bey Unterwerfung dieser Barbaren, beyzustehen; damit auch Andere, gerührt durch die Vortheile, welche sie ihre Nachbaren bey ihrer veränderten Lebensart geniessen sehen, mit desto weniger Mühe können bezwungen werden."

Die Curakas gaben zur Antwort; Sie wären bereit, ihrem Könige zu gehorchen, und wenn es die Noth erforderte, aus Liebe zu ihm, durch das Feuer zu gehen. Nachdem dieser Entschluß gefaßt war, bestimmten sie einen gewissen Tag zu dem Anfange des Feldzuges. Als dieser erschienen war, fand er sich ein, und rückte mit seinem Heere nach der Gegend Collasuyu fort, bis an die Gränze

Gränze seines Reichs. Hier ließ Ynka Sinchi Roka alle Einwohner dieser Landschaft zusammen kommen, und suchte sie durch Freundlichkeit und gütige Vorstellungen zu gewinnen: Das Beyspiel ihrer Nachbaren, sagte er, und ihr eigener Vortheil selbst, wenn sie ihn nur bedächten, müsse sie überreden; sich dem Befehle des Ynka zu unterwerfen und die Sonne anzubeten. In der That bezeigten sich auch die Völker Puchina und Canchi, welche an dieser Gränze wohnen, alsbald willig und gehorchten dem Ynka. Der leichtglaubigen Einfalt der Liebe zur Neuheit und dem ungemeinem Hange, dem Beyspiele Anderer nachzuahmen, welcher diesen Völkern besonders eigen ist, muß man wohl diese willige Unterwerfung größten Theils beymessen. Denn der Ynka hatte gar nicht nöthig sich der Gewalt zu bedienen, er gewann alle diese Völker nach und nach durch Güte. Er erweiterte durch dieses Mittel die Gränzen seines Reichs bis nach Chunkara, das ist zwanzig Meilen weiter, als sich das Gebiete seines Vaters in dieser

Zweytes Buch.

dieser Gegend erstreckt hatte und legte verschiedene Städte an, welche zu beyden Seiten der grossen Strasse von Collasuyu liegen. Nachdem er sich diese Barbaren unterwürfig gemacht; so behandelte er sie nach eben den Grundsäzzen, die sein Vater gegen verschiedene Völker befolgt hatte: Er lehrte sie das Feld zu bauen, und ein ordentliches Leben zu führen. Er stellte ihnen sanftmüthig vor; Sie solten ihren Gözzen und ihren bösen Gewohnheiten entsagen, und vielmehr die Sonne verehren und ihren Befehlen gehorchen; welche darinne bestünden, daß sie die Gesezze beobachteten, welche die Sonne selbst dem Ynka Manko Capak gegeben hätte. Die neuen Unterthanen thaten, was ihr König von ihnen verlangte; und Sinchi Roka that seiner Seits alles zum Besten seines Volks, was ihm möglich war. Er war so glücklich, daß der Friede während seiner Regierung nie unterbrochen wurde.

Die meisten Peruaner glauben, daß sich die Eroberungen dieses Ynka nicht weiter, als bis nach Chunkara erstreckten; und wenn man

man die geringe Macht der Ynkas zu dieser Zeit in Betrachtung ziehet, so scheint das auch gnug zu seyn. Allein es sind dennoch auch viele, welche behaupten; daß er seine Herrschaft bis nach Puzara in Unasuyu und gegen Morgen bis an den Fluß Collahnaya, ausgebreitet. Aber es mögen nun die Ersten oder die Andern Recht haben und es mag der Zweete oder Dritte Ynka gewesen seyn, der sich diese Völker zinsbar gemacht hat; so bleibt doch dieses gewiß, daß sie es nicht durch die Waffen, sondern durch gütliche Vorstellungen und Ueberredungen gethan haben. Der Ynka Sinchi Roka betrug sich gegen diese Völker, wie ein geschickter Gärtner zu thun pflegt: Wenn dieser einen Baum gepflanzt hat, so pflegt, begießt und puzt er ihn mit Sorgfalt aus und wartet mit Geduld, bis er seine Früchte bringet. So vergaß auch der Ynka nichts, seine Unterthanen gesittet und klug zu machen und man kann sagen, daß der Erfolg mit seiner Erwartung überein kam. Diese Völker waren ihm allezeit getreu und gehorchten seinen

Zweytes Buch.

nen Gesezzen und Verordnungen mit aller Ehrerbietung, die er nur verlangen konnte.

Man weiß die Jahre seiner Regierung nicht genau; einige sezzen ihre Zahl auf dreyßig. Er lebte verschiedene Jahre in der größten Ruhe und als er starb, oder wie es die Ynkas auszudrücken pflegten, als er sich zu seinem Vater, der Sonne begab, um die Belohnung für seine Bemühungen, viel Menschen zu ihrer Erkänntniß und Verehrung zu bringen, zu empfangen; hinterließ er zu seinem Nachfolger den Prinz Lloque Yupanqui, welchen er mit seiner Schwester und Gemalin Mama Cora, oder wie sie von Andern genennt wird, Mama Oello, gezeugt hatte. Auser diesem seinen Erbprinzen hinterließ er noch viele Kinder, welche er mit der Königin Mama Cora und seinen andern Gemalinnen, aus königlichem Geblüte erzielt hatte. Ueberdiese hatte er auch noch natürliche Prinzen und Prinzeßinnen, die ihm von Kebsweibern, welche nicht aus dem Geschlechte der Ynkas stammten, waren gebohren worden. Er hatte von diesen

sen eine grosse Anzahl, um das Geschlecht oder das Haus der Sonne, wie es die Ynkas nennen- immer ansehnlicher zu machen und zu vermehren.

Drittes Kapitel.
Regierung des dritten Königes, Ynka Lloque Yupanqui.

Der Ynka Lloque Yupanqui war der dritte König in Peru. Man nennte ihn Lloque, weil er link war; der Name Yupanqui aber wurde ihm wegen seiner schönen Thaten und Eigenschaften gegeben. Yupanqui heißt in der peruanischen Sprache: Du wirst zählen; und weil man dieses allezeit im guten Verstande nimmt und darunter verstehet: Verdienste und Tugenden, so begreift dieser Name alles unter sich, was nur zum Lobe eines Fürsten kann gesagt werden. Diese Art sich kurz auszudrücken, und unter einem einzigen Worte, eine Menge anderer zu verstehen; ist allen alten Sprachen gemein. In den hebräischen Namen wird man viele Beyspiele davon finden. Die

Benennung Yupanqui wurde um ihrer schönen Bedeutung willen, ein Beyname, welchen noch verschiedene Könige von Peru geführt haben.

Nachdem der Ynka Lloque Yupanqui von dem Königreiche Besiz genommen und alle Theile desselben durchzogen und besichtiget hatte; so beschloß er, es zu vergrössern, und seine Gränzen, so sehr er könnte, zu erweitern. Er zog zu dem Ende ein Kriegsheer von sechs bis sieben tausend Mann zusammen, um seine Unternehmungen mit grösserer Macht und Ansehn, als seine Vorfahren, seit sechzig Jahren, angewendet hatten, zu unterstüzzen. Er nahm in diesem Feldzuge zween von seinen Onkeln zu Unterfeldherren, einige Andere zu Rathgebern und seine Vettern zu Hauptleuten an. Anstatt, wie sein Vater, den Weg von Umasuyu zu nehmen, rückte er mit seinem Heere, auf dem Wege von Orkosuyu fort, welcher über Chunkara bis an den grossen See Titikaka, gehet.

Sobald der Ynka die Gränzen hinter sich hatte, gelangete er in ein grosses Land, welches Cana genennt ward. Er schickte hierauf Leute an die Einwohner ab, und ließ ihnen kund thun: das Volk von Cana solle sich dem Sohne der Sonne unterwerfen, ihm Gehorsam leisten und ihren falschen Gözzen, schändlichen Opfern und unvernünftigen Gewohnheiten absagen. Die Einwohner von Cana wendeten einige Zeit an, um sich nach allem, was der Ynka von ihnen foderte recht genau zu erkundigen. Sie wolten wissen, welchen Gesezzen sie folgen, und welche Götter sie anbeten solten. Als sie hiervon Erläuterung bekommen; so gaben sie zur Antwort: Sie wären willig und bereit, die Sonne anzubeten, dem Ynka Gehorsam zu leisten, und seine Gesezze zu beobachten; weil sie ihnen besser, als ihre eigenen, zu seyn schienen. Nachdem sie diesen Entschluß gefaßt; gingen sie dem Könige entgegen, und erkannten sich für seine zinsbaren Unterthanen. Der Ynka hinterließ ihnen einige von seinen Leuten, welche sie den

Zweytes Buch.

den Ackerbau lehren und das Land unter sie
theilen mußten. Sobald er diese Befehle
gegeben, rückte er vor bis in das Land derer,
welche man Ayaviri nennet. Dieses Volk
erwiderte auf die Vorstellungen, welche man
ihm that; Ein Jeder von ihnen sey bereit,
seine Freyheit bis in den Tod zu vertheidigen. Halsstarrig in diesem Entschlusse, waren sie weder durch Güte, noch durch das
Beyspiel der andern Völker, welche sich unterworfen hatten, zum Gehorsam zu bringen; der Ynka war genöthigt Gewalt zu
gebrauchen. Er entschloß sich also, mit diesen Barbaren zu streiten. Er stellte sein
Heer in Schlachtordnung; doch gab er
Befehl, so wenig Feinde zu tödten, als es
möglich wäre. Das Treffen erfolgte: es wurden auf beyden Seiten einige verwundet und
getödtet, allein man konnte nicht sagen,
welche Parthie den Sieg davon getragen
hätte. Doch zogen sich die Feinde endlich
in ihre Stadt zurücke; und nachdem sie dieselbe, so gut sie es wusten, bevestiget hatten;
so thaten sie täglich auf die Leute des Ynka

Aus-

Zweytes Buch.

Ausfälle. Dennoch schonte er sie, so viel ihm möglich war, um den Verordnungen seiner Vorfahren nicht entgegen zu handeln. Er befahl seinem Heere die Feinde enge einzuschliessen; damit sie sich, ohne Schwerdschlag ergeben müßten. Allein diese Güte des Ynka diente zu nichts, als sie noch kühner zu machen und zu mehrern Angriffen zu reizen; ob sie gleich stets den Kürzern zogen.

Um zu verhindern, daß ihr Widerstand den Andern nicht zum Beyspiele dienen, und die benachbarten Völker nicht reizen möchte, die Waffen zu ergreifen; beschloß der Ynka diese Widerspenstigen zu strafen. In dieser Absicht ließ er eine Verstärkung aus seinem Reiche kommen; mehr um die Feinde in Furcht zu sezzen, als weil er sie nöthig gehabt hätte. Indessen schloß er sie so enge ein, daß sie nicht mehr aus der Stadt gehen und Lebensmittel, welche ihnen zu mangeln anfingen, holen konnten. Durch diesen schlimmen Zustand auf das äuserste gebracht, nahmen sie sich vor, sich durch einen herzhaften Entschluß heraus zu ziehen. Sie

thaten

thaten einen Ausfall, bey welchem sie das Heer des Ynka sehr heftig angriffen, aber eben so tapfer zurück getrieben wurden. Bey dieser Gelegenheit wurden viele getödtet und verwundet. Ja, sie hatten so viel gelitten, daß sie nicht wieder angriffen, und auch keinen Ausfall weiter thaten. Es wäre den Soldaten des Ynka leicht gewesen, sie insgesammt nieder zu machen; allein sie wolten nicht zu diesem äusersten Mittel schreiten und waren damit zufrieden, daß sie sie nach und nach zur Unterwerfung brächten. Endlich kam die Verstärkung des Ynka; die Feinde verlohren den Muth und ergaben sich; weil sie wohl sahen, daß sie sich in ihrer Stadt nicht länger halten könnten. Der Ynka bekam sie ohne alle Bedingungen in seine Gewalt. Er ließ ihnen, wegen ihres Ungehorsams gegen den Sohn der Sonne, und wegen ihrer Hartnäckigkeit einen nachdrücklichen Verweiß geben; dennoch aber verziehe er allen, und befahl, ihnen gelinde zu begegnen. Als er diese Gegend verließ hinterließ er Leute, welche sie

unter=

unterrichten und die Güter und Früchte aussuchen solten, welche würdig wären, der Sonne und dem Ynka als eine Abgabe dargebracht zu werden. Er begab sich endlich nach Puzara, wo er eine Vestung bauen ließ, die mit diesem Namen benennt ward und zur Vertheidigung der Gränze dieses eroberten Landes dienen solte. Er legte auch eine starke Besazzung in diesen Plaz, um dieses Volk, welches er mit den Waffen hatte bezwingen müssen, im Zaume zu halten. Nach diesen Verrichtungen kehrte er nach Cusko zurück, wo er mit grossen Freudensbezeugungen empfangen wurde.

Viertes Kapitel.
Eroberung des Landes Hatun-Colla. Lächerliche Erzählung von der Abstammung der Collas.

Nach einigen Jahren faßte der Ynka Loque Yupanqui von neuem den Entschluß die benachtbarten Völker mit seinen Unterthanen zu vereinigen; oder wie es die Ynkas zu nennen pflegten; den Befehlen der

Zweytes Buch.

der Sonne gemäß, mehr Menschen zu unterrichten und sie glücklich zu machen. Nachdem er also acht bis neun tausend Mann zusammen gebracht, ging er mit seinem Heere durch die Provinz Collasuyu nach der Vestung Puzara. Sobald er hier angekommen war, schickte er Botschafter nach Paukarcolla und nach Hatuncolla; denn das Quartier Collasuyu schliesset verschiedene Länder ein, deren Namen von Colla hergeleitet sind. Diese Botschafter mußten den Einwohnern des Landes sagen, sie solten keinen Widerstand thun, wie die Ayavirier, welche die Sonne durch Hunger und Schwerdt gestraft hätte, weil sie so kühn gewesen wären, sich den Kindern der Sonne zu widersezzen; wenn sie nun eben den Fehler begingen, so würde ihnen auch eben die harte Begegnung widerfahren. Nachdem ihnen dieser Vortrag gethan war, so versammelten sich die Vornehmsten in Hatun-Colla, das heißt so viel, als Groß-Colla, um sich darüber zu berathschlagen. In Furcht über das Unglück, welches den Ayaviriern begegnet

net war und welches sie für eine Strafe des Himmels hielten, gaben sie zur Antwort; sie wären es zufrieden, Unterthanen des Ynka zu seyn, die Sonne anzubeten und ihren Gesezzen zu gehorchen. Nach dieser Antwort gingen sie ihm mit feyerlichen Zurufungen, und mit neuen Freudengesängen entgegen, welche sie ihm zu Ehren verfertiget hatten, um ihm Beweise von ihrem Verstande zu geben.

Der Ynka empfing die Curakas mit offenen Armen; er machte ihnen viele Geschenke und gab ihnen Kleider von seinen eigenen, welches sie für eine grosse Gunst annahmen Er und seine Nachkommen trugen hernach viel Liebe für diese Städte; vornemlich für Hatuncolla, weil die Einwohner allezeit ein sehr grosse Zuneigung für die Ynkas hatten blicken lassen. Dieserwegen pflegten die sterbenden Ynkas dieses Volk auch sogar ihren Nachfolgern zu empfehlen. Sie verschönerten auch die Stadt Hatun-Colla mit vielen schönen Gebäuden, mit einem der Sonne geheiligten Tempel und mit einem Haus
fü

Zweytes Buch.

für geheiligte Jungfrauen, welches die Einwohner für eine grosse Ehre hielten.

Um das, was die Collas betrifft, desto besser zu verstehen, muß man wissen, daß verschiedene Völker diesen Namen führten, welche auch ihren Ursprung von verschiedenen Dingen herleiteten. Einige sagten; Ihre Stammeltern wären aus dem grossen Sumpfe oder See Titikaka gekommen; daher verehrten sie diesen Sumpf auch göttlich, ehe sie von den Ynkas bezwungen wurden, und brachten ihm, an den Ufern der Flüsse, Opfer. Andere, die eben so ausschweifend, als die Vorhergehenden dachten, behaupteten, ihre Voreltern wären aus einem grossen Quell hervor gegangen. Es gab Einige, welche versicherten; Ihre Vorfahren wären aus den Rissen oder Oeffnungen gewisser grosser Felsen an das Licht getreten; um deßwillen hielten sie diese Oerter für heilig und opferten ihnen zu gewissen Zeiten. Ich sage nichts von denen, welche sich rühmten, daß der Erste von ihrer Nazion aus einem gewissen grossen Flusse gekommen sey, welchen sie da-

her

her als ihren Vater verehrten, und diejenigen für gottlos hielten, welche die Fische dieses Flusses tödteten, weil sie sie für ihre Brüder achteten. Sie hatten noch mancherley andere Mährchen von ihrer Abstammung, durch welche sie eine Menge Götte[r] bekamen, die sie auf verschiedene Art ehre[-]ten. Doch ist nicht zu läugnen, daß di[e] Collas auch einen allgemeinen Gott hatten [,] den sie insgesammt anbeteten und für de[n] Vornehmsten unter allen hielten. Diese[r] war ein weisser Widder, welchem sie, au[s] Dankbarkeit, Opfer brachten, weil sie viel Heerden hatten. Sie gaben nemlich vor[,] der Erste Widder, welcher in der höchste[n] Welt wäre (so nennten sie, wie ich gesag[t] habe, den Himmel,) liebte sie weit meh[r] als andere Völker, um deßwillen vermehrte sich in ihrem Lande die Heerden weit meh[r] als in Andern. In der That waren au[ch] hier die Weyden viel besser und das Vie[h] viel fetter, als in irgend einer andern G[e]gend in ganz Peru. Dieses bestärkte sie i[n] ihrer Einbildung. Aus Erkenntlichkeit al[so]

fi

für diese Wohlthat beteten die Collas diesen Widder an und brachten ihm Lämmer und Fett von Schaafen zum Opfer. Sie trugen sogar eine besondere Achtung für die weissen Schöpse, weil sie ihrem Stammvater am ähnlichsten wären.

Ihre Lebensart war ihrem thörichten Gözzendienste ähnlich. Sie verstatteten, zum Beyspiele ihren Töchtern, so lange sie noch nicht verheyrathet waren, alle Ausschweifungen; die Unkeuschesten bekamen so gar am ersten Männer und der höchste Grad dieses Lasters wurde für die größte Tugend gehalten.

Die Ynkas machten allen diesen bösen Gewohnheiten und vornemlich der Vielgötterey ein Ende. Sie überredeten sie; die Sonne allein verdiene, wegen ihrer Schönheit und ihrer wohlthätigen Kraft, mit welcher sie alles erhielte, daß man sie anbetete. Dennoch widersprachen sie den Erzählungen, welche die Collas von ihrem Ursprunge vorbrachten, nicht. Denn da sie selbst behaupteten, daß sie von der Sonne abstammten;

so war es ihnen lieb, daß man mehrere solche Fabeln für wahr hielte; dadurch wurde die ihrige desto glaublicher, und fand desto eher Eingang in die Herzen der Völker, welche sich ihnen schon unterworfen hatten, oder noch unterwerfen solten.

Nachdem der Ynka die Regierung der verschiedenen Städte dieses Landes in Ordnung gebracht, die Anbetung der Sonne eingeführt und die Einkünfte der Sonne und der Ynkas vestgesezt hatte; beschloß er, für diesesmal seine Eroberungen nicht weiter zu treiben, sondern nach Cusko zurück zu kehren. Es war einer der vornehmsten Grundsäzze der Ynkas, welcher auch mit der Vernunft vollkommen überein kam; ihr Gebiete nur nach und nach, und zwar mit Güte, weiter auszubreiten; damit ihre Unterthanen, durch die Sanftmuth ihres Regiments eingenommen, durch das Lob, welches sie ihnen gäben, ihre Nachbaren reizen möchten, sich ihnen auch zu unterwerfen. Dieses Verfahren war in der That besser, als wenn sie sich auf einmal vieler Länder zu bemächtigen gesucht

gesucht hätten; denn sie wären alsdann mit der Polizierung der bezwungenen Völker unmöglich zu Stande gekommen, und hätten sich ohne Zweifel in den Verdacht des Geizes, der Ehrsucht und der Tyranney gesezt.

Fünftes Kapitel.
Das grosse Land Chukuytu unterwirft sich der Herrschaft des Ynka freywillig; dieses thun auch andere Länder.

Der Ynka wurde in Cusko mit grossem Beyfalle und vielen Freudensbezeugungen empfangen. Er brachte hier verschiedene Jahre zu, ohne auf etwas anderes, als die Regierung seines Landes und das gemeine Beste seiner Unterthanen zu denken. Endlich bekam er Lust, diese Hauptstadt zu verlassen, und eine Reise durch sein Reich zu thun: sowohl um sich seinen Unterthanen zu zeigen, damit ihre Liebe gegen ihn nicht erkalten möchte; als auch um zu sehen, ob die Gerechtigkeit in seinem Lande allenthalben unparteyisch verwaltet würde. Nachdem er er diese Reise vollendet hatte, zog er ein Kriegsheer zusammen, um damit seine Eroberungen zu vermehren. Es bestand aus zehn tausend Mann, welche von alten, erfahrnen Hauptleuten kommandirt wurden. Mit dieser Macht begab er sich nach Hatuncolla und rückte an die Gränzen von Chukuytu, einem Lande, welches sehr volkreich war. So bald er hier angekommen war, schickte er Botschafter ab, welche die Einwohner auffodern mußten, sich zu ergeben und die Sonne, als ihre Gottheit anzubeten. Diese, wiewohl sie sehr mächtig waren, hatten dennoch keine Lust, sich dem Ynka zu widersezzen. Sie erboten sich alsbald, sich zu ergeben und seine Unterthanen zu werden; weil er ein Sohn der Sonne wäre und weil sie von seiner Gnade hofften, daß sie seines Schuzzes geniessen würden.

Der Ynka nahm sie mit seiner gewöhnlichen Gütigkeit auf; er liebkosete sie und machte ihnen Geschenke, welche ihnen sehr gefielen. Aufgemuntert durch den glücklichen

Zweytes Buch.

chen Erfolg dieser Unternehmung, ließ er auch andere Städte, bis an den Canal des grossen Sumpfes oder Sees Titikaka auffodern; und er hatte so viel Glück, daß sie sich, nach dem Beyspiele von Hatuncolla und Chukuytu, insgesammt unterwarfen. Die vornehmsten unter diesen Städten waren Hillari, Chulli, Pumata, und Cipata. Einige behaupten, der Ynka habe verschiedene Jahre mit der Unterjochung dieser Städte zugebracht; allein dieser Punkt ist von keiner grossen Wichtigkeit; denn alle kommen darinne überein, daß sie sich ihm unterworfen haben.

So bald die Ruhe allenthalben wieder hergestellt war, schickte der Ynka seine Armee zurück und behielt nur die nöthige Leibwache, und diejenigen Leute bey sich, welche er, seine neuen Unterthanen zu unterrichten, für geschickt hielt. Er selbst fand sich oft dabey ein; sowohl um den Fortgang dieser Arbeit zu beschleunigen, als auch durch seine Gegenwart das Herz des Volks zu gewinnen, und sich den Weg zu neuen Eroberun-

gen zu bahnen. Die Curakas und ihre Untergebenen hielten sich für sehr geehrt, daß sie der Ynka würdigte, den Winter bey ihnen zuzubringen; und er, seiner Seits, begegnete ihnen auch mit aller möglichen Gelindigkeit. Er überhäufte sie mit Liebkosungen und gab ihnen täglich neue Kennzeichen seiner Gewogenheit. Hingegen verkündigten auch seine Unterthanen allenthalben die Grösse und Tugend ihres Königes, und sagten; er sey wahrhaftig ein Sohn der Sonne. Indessen befahl der Ynka, ohne das Land der Collas zu verlassen, daß sie beständig zehn tausend Mann marschfertig halten solten. Er wolte daß dieses Heer von Einem seiner Brüder, dessen Namen man aber nicht mehr weiß, und vier Unterfeldherren, deren Rath er bey diesem Feldzuge folgen solte, kommandirt würde. Allen Fünfen band er es auf das schärfste ein, nie zu Gewaltthätigkeiten zu schreiten, sondern die Völker, zu welchen er sie schicken würde, durch Sanftmuth und Liebkosungen zu gewinnen. Endlich befahl er ihnen, nach dem Lande Hurin-
Pakas-

Pakassa, welches gegen Westen liegt, zu marschieren, und die Einwohner zum Gehorsam zu bringen. Der Feldherr und die Hauptleute vollzogen ihren Auftrag so gut, daß sie dem Ynka eine Strecke Landes von zwanzig Meilen, bis an den Ort, welcher die Küste von dem Gebürge Sierra-Nevada trennet, unterwürfig machten. Es war nicht schwer dieses Land zu erobern: denn seine Einwohner lebten, gleich den Thieren, ohne Ordnung und bürgerliche Einrichtung unter einander; der Stärkste und Grausamste war bey ihnen der Mächtigste. Ohne also die geringsten Anstalten zu ihrer Vertheidigung zu machen, ergaben sie sich bey dem ersten Anblick der Truppen des Ynka; denn sie waren durch die Wunder, welche sie täglich von den Kindern der Sonne hörten, schon lange dazu vorbereitet. Der Feldherr und seine vier Anführer blieben beynahe drey Jahre in diesem Lande und brachten mehr Zeit damit zu, diese wilden Völker zu unterrichten, als sie zu bezwingen. Nachdem sie die nöthigen Obrigkeiten zu ihrer Regierung und die nöthigen

gen Soldaten zu ihrer Vertheidigung, bestimmt hatten; kehrten sie wieder zurück, um bey dem Ynka von ihren Verrichtungen Rechenschaft abzulegen. Indessen war er selbst nicht müßig gewesen; er hatte wiederum eine Reise burch sein ganzes Königreich gethan und es durch allerley Mittel zu verschönern gesucht. Er ließ den noch ungebaueten Boden urbar machen; Kanäle graben; öffentliche Gebäude aufrichten, und Landstrassen anlegen; um die Gemeinschaft des Einem Landes mit dem Andern zu erleichtern. Der Feldherr und seine Hauptleute wurden bey ihrer Ankunft sehr wohl aufgenommen. Der Ynka belohnte sie für ihr Wohlverhalten großmüthig; und begab sich endlich nach Cusko, mit dem Entschlusse; nun die Gränzen seines Reichs nicht ferner zu erweitern. Er hatte aber auch vierzig Meilen Landes von Süden gegen Norden, und zwanzig von Osten gegen Westen bezwungen. Hier erstreckte sich sein Reich bis an das Gebürge Sierra-Nevada, wovon ich schon geredet habe, welches in den folgen-

- den

den Zeiten seinen Namen davon erhalten hat, daß es beständig mit Schnee bedeckt ist.

Der Ynka ward zu Cusko mit allgemeinem Zuruf und Freudensbezeugungen empfangen. Man kann die Liebe der Einwohner dieser Stadt, nicht mit Worten ausdrücken, welche er sich durch sein sanftes Regiment, die Güte seines Herzens, und seine grossen Wohlthaten bey ihnen erworben hatte. Er brachte die übrige Zeit seines Lebens in einer vollkommenen Ruhe zu; ihm lag nichts so sehr am Herzen, als das Beste seiner Unterthanen und die unpartheyische Verwaltung der Gerechtigkeit. Er ließ seinen Erbprinzen, Mayta Capak, zweymal sein ganzes Königreich durchreisen, und gab ihm Leute von Alter und Erfahrung mit, welche ihn in der Kunst seine Unterthanen kennen zu lernen und sie wohl zu regieren unterrichten mußten. Als er sein Ende herannahen sahe, ließ er seine Kinder zu sich rufen und empfahl ihnen, besonders seinem Erbprinzen, beständig das allgemeine Wohl zu befördern und die Gesezze zu beobachten,

welche

welche ihnen von ihren Vorfahren, auf ausdrücklichen Befehl der Sonne, ihrer Gottheit und ihres Vaters, wären hinterlassen worden. Die vornehmsten unter den Ynkas, welche Anführer des Kriegsheeres waren, und die Curakas, deren einige viele Unterthanen hatten, ermahnte er, für die Armen zu sorgen, ihrem Könige zu gehorchen, und mit einander in Friede zu leben. Endlich sagte er, die Sonne, sein Vater rufe ihn zu sich um, nach einer so mühsamen Regierung, bey ihm die Ruhe zu geniessen, worauf er seinen Geist aufgab. Er hinterließ verschiedene Kinder, beyderley Geschlechts, die er mit seinen Kebsweibern erzeugt hatte, denn seine eigentliche Gemalin, Mama Cava gebahr ihm nur den Prinz Mayta Capak und einige Töchter. Der Ynka Lloque Yupanqui hatte, während seinem Leben, die Herzen so sehr zu gewinnen gewußt; seine Tugenden waren so erhaben gewesen; daß er nach seinem Tode von seinen Unterthanen allgemein betrauert wurde. Sie verehrten ihn auch, als einen Sohn der Sonne, und

Einen

Einen ihrer Götter vorzüglich und beteten ihn öffentlich an.

Sechstes Kapitel.

Der vierte Ynka Mayta Capak trit die Regierung an, die Einwohner des Landes Tiahuanaku unterwerfen sich ihm; Gebäude, die er in diesem Lande antrifft.

Nachdem der Ynka Mayta Capak seinem Vater die lezte Ehre erwiesen, und vom Throne feyerlich Besiz genommen hatte, beschloß er, sein Reich als unumschränkter Herr und König zu durchreisen und es in Augenschein zu nehmen. Er hatte zwar diesen Besuch, während dem Leben seines Vaters schon zweymal gemacht; da er aber, so lange seine Minderjährigkeit dauerte, unter einer Art von Vormundschaft stand; so konnte er für sich Staatssachen weder untersuchen, noch entscheiden; noch auch Gnadenbezeugungen anders, als in Gegenwart der ihm zugegebenen Räthe bewilligen; welche durch die Pflicht ihres Amts verbunden waren,

ren, auf die Bitten, welche die Unterthanen anbrachten, Antwort zu ertheilen, Befehle ergehen zu lassen und die Gnadenbezeugungen zu bestimmen, welche der Prinz ertheilen solte. Doch konnte er auch dieses, nach den Reichsgesezzen nicht eher, als in dem Alter thun, in welchem er Regierungsfähig war. Nachdem er also das Regiment angetreten, beschloß er, einen Besuch in allen seinen Landschaften abzustatten; theils, weil er wußte, daß seine Unterthanen dieses für eine besondere Gunst ansehen würden; theils um dem Volke seine Großmuth und Liebe, die er zu ihm trüge, zu zeigen. Er theilte daher, bey dieser Gelegenheit viele Geschenke an die Curakas und alle seine Unterthanen aus.

Nach Vollendung dieser Reise wendete er seine Gedanken auf denjenigen Gegenstand, welchen die Ynkas bey ihrer Regierung beständig vor Augen zu haben pflegten; nemlich die um sich her wohnenden ungesitteten Völker zu seiner Religion zu bekehren. Wenigstens war dieses allezeit der Vorwand,
unter

Zweytes Buch.

unter welchem sie ihr Reich zu erweitern suchen. Allein der wahre Bewegungsgrund mag gewesen seyn, welcher er will; Mayta Kapak zog ein Heer von zwölf tausend Mann zusammen, und rückte, sobald es die Jahrszeit erlaubte, und die nöthigen Vorräthe geschafft waren, damit in das Feld. Das Heer ward von vier Unterfeldherren befehligt, ohne die Hauptleute und andern Offiziere zu rechnen. Er ging damit bis an den Kanal des Sees Titikaka, in der Absicht die Einwohner der Landschaft Collao zum Gehorsam zu bringen. Denn weil dieses Land eben, und die Bewohner desselben gebärig und nachgebend waren, so glaubte er, daß diese Eroberung sehr leicht seyn würde.

Als der Ynka bey dem Kanal angelangt war, ließ er grosse Flosse verfertigen, un darauf seine Armee überzusezzen: Alsdenn beobachtete er die gewöhnlichen Gebräuche, und ließ alle, im Umkreis herum legende, Städte auffodern, sich ihm zu unterwerfen. Die Einwohner bezeigten sich als-

I. Theil. H

alsbald gegen die Abgeschickten gehorsam, weil die Wunderdinge, die sie von den Inkas gehört hatten, sie dazu geneigt machten. Die beträchtlichste Stadt unter denen, die sich itzt unter seine Herrschaft begaben, ist Tiahuanaku. Von dieser Stadt und ihren grossen und unglaublichen Gebäuden, muß ich hier Etwas erwähnen. Das bewundernswürdigste im ganzen Lande ist ein Hügel, oder Berg, von Menschenhänden, bis zu einer unglaublichen Höhe aufgeführt. Der Grund bestehet aus sehr grossen Steinen, die sehr vest mit einander verküttet sind. Man weiß nicht, zu welchem Ende dieses grosse Gebäude aufgeführet ist: Auf einer andern Seite, ziemlich weit von diesem Berge, sahe man zween grosse Riesen in Stein gehauen. Sie hatten Mützen auf den Köpfen, und ihr Gewand hing bis auf die Erde herab. Alles dieses schien durch die Zeit schon sehr beschädiget und man sah ihm das Alterthum an. Man sahe hier auch eine sehr lange Mauer, welche aus so grossen Steinen bestund, daß es unbegreif-

ich war, wie Menschen, allein mit den
Händen, ohne Maschienen, sie von einem
Orte zu dem Andern haben bringen können.
Denn das ist gewiß, daß in dieser ganzen
Strecke Landes, bis in eine grosse Entfer=
nung, weder Steinbrüche, noch Felsen
sind, wovon man diese ungeheuern Steine
hätte nehmen können. Man sahe daselbst
auch an andern Orten, auserordentliche Ge=
bäude, worunter die merkwürdigsten grosse
Thore waren, die man an verschiedenen Or=
ten aufgerichtet hatte. Die Meisten davon
waren noch ganz und jede von den Pfosten
bestand aus einem einzigen Steine, und die=
se waren mehrentheils auf einem Steine von
unglaublicher Grösse aufgerichtet: denn es
befanden sich einige unter diesen Steinen,
die dreyßig Fuß lang, funfzehn breit und
sechs dicke waren. Man kann sich auch gar
nicht vorstellen, mit was für Werkzeugen
sie diese Steine ausgehauen und bearbeitet
haben. Auserdem müssen sie auch noch viel
grösser gewesen seyn, ehe man ihnen diese
Gestalt gegeben hat. Die Eingebohrnen des

H 2   Landes

Landes sagen, daß diese Gebäude nebst verschiedenen Andern, vor der Zeit der Ynkas vorhanden gewesen wären; und die Ynkas hatten nach dem Modelle derselben das Schloß zu Cusko erbauet. Uebrigens haben sie eine alte Sage, die sich vom Vater auf den Sohn fortgepflanzt hat; daß alle diese Wunderwerke in einer Nacht entstanden wären, ohne daß man sagen könnte, wer sie hervorgebracht hätte. Wenn man diese alten Gebäude mit einiger Aufmerksamkeit betrachtet, so wird man gewahr, daß sie unvollendet und nur der Anfang dessen sind, was ihre Urheber zur Absicht gehabt haben.

Was ich bisher von diesen Merkwürdigkeiten gesagt habe, ist aus des Pedro de Cieca de Leon Beschreibung des Reichs Peru genommen, wo man eine ziemlich weitläuftige Nachricht von diesen sonderbaren Werken findet. Allein ich will auch noch den Bericht eines meiner ersten und besten Freunde hinzufügen. Er hieß Diego de Alkobassa: wir waren beyde in dem Hause
seines

Zweytes Buch.

eines Vaters gebohren, wo ich auch bin erzogen worden. Er war hernach Vikarius und Prediger in verschiedenen Provinzen von Peru. Denn da er von einem spanischen Vater und einer Peruanerin in Cusko gebohren war, so verstund er die Landessprache und wurde von seinen Obern an viele Orte seines Vaterlandes geschickt, um das Evangelium zu predigen. Aus dieses Mannes Nachrichten will ich noch folgendes hinzufügen:

"Unter vielen bewundernswürdigen Alterthümern, welche man in einer Provinz des Landes Collao, welche Tiahuanaku genennt wird, antrifft, ist Eins, welches wohl würdig ist, daß man sein Andenken erhalte. Es befindet sich nicht weit von dem See Chuquivitu; oder wie ihn die Spanier nennen Chukuytu. Man siehet hier grosse Gebäude, und unter andern einen Hof, von funfzehn Klaftern ins Gevierte und zwey Stockwerke hoch. An der einen Seite dieses Platzes ist ein fünf und vierzig langer und zwey und zwanzig Fuß breiter Saal. Dieser Plaz oder Hof, die Mauern, der Saal, der Fußboden, das Dach und die Thore sind alle insgesammt aus einem Stücke Stein, oder Felsen gehauen. Die Mauern des Hofes sind drey Viertel einer Elle dick; und obgleich das Dach des Saales von Stein ist, so scheint es doch von Stroh zu seyn; vermuthlich um der Aehnlichkeit mit den andern Wohnungen dieses Volks willen, deren Dächer alle von Stroh sind. Die eine Seite der Mauer läuft an dem Sumpfe oder See hin, und die Eingebohrnen des Landes glauben, daß dieses Gebäude dem Schöpfer der Welt gewidmet sey. Diesem Gebäude grade gegen über findet man eine grosse Menge steinerne Figuren, welche Männer und Weiber, sehr natürlich vorstellen. Einige haben Gefässe in den Händen, als ob sie trinken wolten; Einige sizzen, Einige stehen; Einige haben eine Stellung als wolten sie über einen Bach schreiten, der hier fließt. Auser diesen siehet man noch andere steinerne Bildsäulen, welche Weiber vorstellen die Kinder an der Brust haben, oder

Kin=

Kinder, die Jenen zur Seite stehen, oder die einen Zipfel ihres Kleides vest halten; und dergleichen mehrere. Die gegenwärtigen Einwohner glauben, daß dieses ehedem Menschen gewesen sind, welche um ihrer ungeheuern Sünden willen, vornemlich aber, weil sie einen fremden Reisenden todt gesteiniget hätten, in Stein wären verwandelt worden."

Siebentes Kapitel.
Unterwerfung der Landschaft Hatunpakassa und Eroberung von Cacyaviri.

Wir kehren wieder zum Ynka Mayta Capak zurück: Dieser eroberte die Landschaft Hatunpakassa, welche die ganze Gegend zur Linken des Kanals unter sich begreift, auf eben die Art, wie sich die Ynkas die mehresten Länder unterwürfig gemacht, und die wir schon gnugsam beschrieben haben. Allein es ist mir, wegen der Verschiedenheit der Meinungen, unmöglich zu sagen; ob er diese Eroberung auf einmal oder

oder zu verschiedenen Zeiten vollendet hat. Die Meisten glauben indessen, daß sich die Ynkas nur nach und nach Meister von diesen Ländern gemacht und sich zu gleicher Zeit bemühet haben, die Einwohner zu unterrichten, und zu bilden. Andere halten jedoch dafür, daß sie nur Anfangs, als sie die Macht noch nicht in Händen hatten, so verfahren haben; hernach aber, als sie sich stark gnug gefühlt, so viele Länder, als sie nur gekonnt, ihrer Botmäßigkeit unterworfen haben. Ich will diesen Punkt nicht entscheiden; ich will mich aber bemühen, mich so wenig, als möglich ist, zu wiederholen. Es mag also gnug seyn, wenn ich sage, was für Länder ein jeder der Ynkas erobert hat

Indem Mayta Capak seine Eroberungen verfolgte, kam er mit seinem Heere nahe an einen Ort, welcher Cacyaviri genennt ward. Es waren hier eine grosse Anzahl ländliche Häuser, welche ohne Ordnung und ohne das Ansehen einer Stadt, hier und da zerstreut lagen, und zum Theil von kleinen

nen Tyrannen bewohnt wurden, welche über andere Bewohner die Herren spielten. Diese bekamen nicht sobald Nachricht, daß sich der Ynka gegen sie wendete, um sie zu bezwingen; als sie sich mit einander auf einen Berg begaben, welcher an diesen Gränzen liegt, eine gute viertel Meile hoch ist, und die runde Gestalt eines umgekehrten Mörsels in der Apotheke hat. Da das ganze Land eine Ebene ist, in welcher man keinen Berg auser diesem einzigen siehet; so hielten ihn die Einwohner, wegen seiner Schönheit, für heilig; sie beteten ihn sogar an, und brachten ihm Opfer. Sie nahmen also zu diesem Berge, als zu einem heiligen Schuzorte, ihre Zuflucht, damit ihnen diese ihre Gottheit günstig seyn und sie von ihren Feinden befreyen möchte. Sobald sie sich oben versammelt hatten, beschlossen sie eine Vestung darauf anzulegen. Die Mannspersonen, sagt man, schafften die Steine, die Frauensleute aber Erde und Rasen herbey, um den Bau desto eher zu vollenden. Sie verschanzten sich also mit ihren Weibern
und

und Kindern, und brachten so viel Lebensmittel zusammen, als ihnen nur möglich war.

Der Ynka schickte, wie gewöhnlich, Botschafter an sie, um sie aufzufodern, und ihnen, in seinem Namen zu sagen: "Er sey nicht gekommen, ihnen ihr Leben, oder ihre Güter zu nehmen; sondern um sie Theil an der Gnade und Gunst nehmen zu lassen, welche er, auf Befehl der Sonne, allen Einwohnern der Erde widerfahren lassen wolte: Sie mußten also nicht so unverständig seyn, die Kinder dieser Gottheit zu verachten, oder sich denen zu widersezzen, welche unüberwindlich wären; weil ihr Vater, die Sonne, nie unterliesse, sie in allen Schlachten und Eroberungen zu unterstüzzen. Uebrigens verlangte der Ynka von ihnen, daß sie die Sonne für ihre Gottheit erkennen und sie anbeten solten." Der Ynka ließ diese Auffoderung zu verschiedenen Malen an sie ergehen, aber, ohne sie zu Herzen zu nehmen, antworteten sie: "Ihre Art zu leben schiene ihnen so gut, daß sie

keine

keine Andere verlangten: Sie hätten schon ihre Götter, die sie verehrten, vorzüglich diesen Berg, auf welchem sie sich bevestiget hätten, dessen Beystand ihnen in jedem Falle der Noth sicher wäre; die Ynkas möchten hingehen und andere Völker unterrichten, wenn sie es für gut fänden; was sie anbeträfe, so wünschten sie weder ihre Art zu leben, noch ihr Gesez zu verändern."

Ob der Ynka gleich sahe, wie halsstarrig sie waren, so konnte er sich dennoch nicht entschliessen, einen Angrif auf sie thun zu lassen; er wolte lieber versuchen, ob er sie nicht durch Liebkosungen, oder, wenn dieses fehl schlüge, durch Hunger, in seine Gewalt bekommen könnte. Er theilte demnach sein Heer in vier Haufen, um sie auf allen vier Seiten des Berges einzuschliessen. Die Belagerten beharrten viele Tage, bey ihrer Halsstarrigkeit, und machten sich gefaßt, den Truppen des Ynka, im Fall ihre Vestung von ihnen angegriffen würde, zu widerstehen. Endlich da sie sahen, daß diese keine Feindseeligkeiten anfingen; so schrieben

ben sie dieses Betragen einer Feigheit oder Furcht zu, und wurden dadurch von Tage zu Tage verwegener; sogar, daß sie verschiedene Ausfälle auf ihre Feinde thaten. Da aber diese nicht wider den Befehl ihres Königes handeln wolten, so fochten sie beständig nur vertheidigungsweise. Dennoch blieben beständig Einige auf dem Plazze, sonderlich von Seiten der Cacyavirier oder Collas, welche sich mehr aus Dummheit, als aus Herzhaftigkeit, mitten unter ihre Feinde stürzten, und so das Leben verlohren.

Endlich wurden es die Anführer und Hauptleute von dem Heere des Ynka müde, die Verwegenheit der Collas täglich zunehmen zu sehen, und gaben ihren Soldaten insgeheim Befehl; die Feinde, bey dem ersten Angriffe, welchen sie wieder thun würden, gar nicht zu schonen, sondern alle, die sie nur erreichen könnten, nieder zu schiessen oder todt zu schlagen; denn es sey nicht vernünftig, die Verachtung welche sie gegen den Ynka bezeigten, länger zu dulden. Kaum war

war dieses beschlossen, als es auch ausgeführt ward. Denn die Collas welche für gewiß hielten, daß sie von dem Zorne ihrer Feinde nichts zu fürchten hätten, kamen gar bald wieder, ihnen Troz zu bieten, und auf sie loßzugehen. Allein für dieses Mal wurden sie, ganz wider ihr Vermuthen, so empfangen, daß die Meisten auf dem Plazze blieben, ehe sie selbst recht wußten, wie ihnen geschahe. Die Soldaten des Ynka hatten sich bis an denselben Tag nur vertheidiget, ohne einen Pfeil abzuschiessen, oder einen Stein aus der Schleuder zu werfen; izt aber zeigten sie daß sie in beyden wohl geübt waren, und richteten eine grosse Niederlage unter den Feinden an. Jedoch, weil es ihnen von dem Ynka verboten war, die Feinde, auser zu ihrer Vertheidigung, zu beschädigen; so läugneten sie auch daß sie es izt gethan hätten; sondern die Sonne, sagten sie, müde den Mangel der Ehrerbietung, welchen die Collas gegen den Ynka gezeigt, länger zu erdulden, hätte endlich für gut befunden, zu ihrer Bestrafung, ihre eigenen Waffen wider sie zu kehren;
so

so wären sie durch ihre eigenen Pfeile, Wurfspiesse und Steine getödtet worden. Die Ynkas, welche man für Kinder der Sonne hielt, behaupteten die Wahrheit dieser Erzählung; und die Peruaner, welche zu der Zeit sehr einfältig waren zweifelten gar nicht an dieser wunderbaren Geschichte. Das Gerüchte davon breitete sich in kurzer Zeit im ganzen Lande aus und erweckte bey allen Völkern grosse Ehrerbietung gegen den König von Peru.

Achtes Kapitel.
Die Collas-Cacyaviri unterwerfen sich, und erhalten vom Ynka Mayta Capak Verzeihung.

Die blutige Niederlage welche die Belagerten an diesem Tage erlitten, brachte sie endlich dahin, daß sie sich ergaben. Die Curakas, denen ihre Halsstarrigkeit gereuete, liessen, ein Jeder die Seinigen, zusammen kommen; um dem Ynka um Verzeihung zu bitten, und die Strafe abzuwenden, die sie hätte treffen können. Sie gingen aber in
folgen=

folgender Ordnung zum Ynka: Zuerst näher=
ten sich ihm die Kinder, diesen folgten ihre
Mütter, nach diesen kamen die Alten, dann
die Soldaten, ferner die Hauptleute und
endlich die Curakas, diese Lezten erschienen
mit gebundenen Händen und mit Stricken
an den Hälsen, um zu erkennen zu geben,
daß sie den Tod verdient hätten; weil sie so
verwegen gewesen wären, die Waffen gegen
den Sohn der Sonne zu ergreifen. Sie
gingen alle barfuß, eine Gewohnheit, wel=
che bey den Peruanern eine grosse Demüthi=
gung anzeigt, weil man dadurch zu erkennen
gibt, daß die Person, mit welcher man re=
den will, Etwas majestätisches und göttliches
in sich hat.

Die Collas warfen sich vor dem Ynka
zur Erde und beteten ihn, als den Sohn
der Sonne, mit lautem Geschreye, an. Hier=
auf naheten sich ihm ihre Curakas beson=
ders, und sagten mit derjenigen Verehrung
und Hochachtungsbezeugung, welche unter
ihnen gewöhnlich war; sie bäten Jhro Ma=
jestät auf das demüthigste, ihnen zu verzei=
hen;

hen; und wenn es sein Wille wäre, daß sie sterben solten; so würden sie sich im Tode für sehr glücklich halten, wenn er nur ihren Soldaten das Leben erhielte, welche bloß durch ihr Beyspiel wären verleitet worden, sich zu vergehen. Sie fleheten ihn auch an, ihren Alten, Weibern und Kindern Gnade widerfahren zu lassen; diese wären unschuldig, sagten sie, nur sie allein wären strafwürdig, um deßwillen erböten sie sich auch freywillig, für alle zu bezahlen.

Der Ynka empfing sie, indem er auf seinem Throne saß und von seinen Kriegsleuten umgeben war. Nachdem er sie angehört, befahl er, daß man ihnen die Hände entfesseln und die Stricke von ihren Hälsen abnehmen solte. Hierdurch gab er ihnen zu erkennen, daß er sie begnadigte und ihnen Leben und Freyheit schenkte. Alsdenn redete er sie freundlich und höflich an und sagte: "Ich bin nicht hierher gekommen, um Euch euere Güter, oder euer Leben zu nehmen; sondern vielmehr um Euch zu bereichern und Euch zu lehren, wie ihr nach der Vernunft und

Zweytes Buch.

...ıd dem Geseze der Natur, ein glückliches
...bɛn führen sollet. Entsaget also den fal-
...jen Gözzen und betet die Sonne an, deren
...befehle Ihr die Gnade, die ich Euch wider-
...hren lasse, zu danken habt. Auf eben der-
...lben Geheiß, ohne eine andere Absicht, als
...uch Gutes zu thun, sezze ich Euch wieder
...euere Güter ein und bestätige Euch das
...nsehen, welches Ihr vorher über euere Un-
...rthanen hattet. Ihr und euere Nachkom-
...en werdet aus der Erfahrung die Wahr-
...it meiner Worte erkennen. Izt begebet
...uch zurück in euere Wohnungen und ge-
...rchet den Befehlen, welche ich um des
...meinen Bestens willen geben werde." Nach
...eser Anrede gab er ihnen neue Merkmale
...r Güte und Versicherungen der Gnade,
...elche er ihnen widerfahren lassen. Er er-
...ubte nemlich den Curakas, im Namen
...res ganzen Volks, sich ihm zu nahen und
...in rechtes Knie zu umfassen. Dieses war ein
...eichen, daß er sie für die Seinigen erken-
...:. Niemand als eine Person von königli-
...em Geblüte, durfte ohne ausdrückliche Er-

I. Theil. J laub-

laubnis, den Ynka, welcher Einer von ihren Göttern war, anrühren; daher die Curakas diese Gunst für unschäzbar hielten. Sie glaubten nun keine Strafe mehr befürchten zu dürfen; sie warfen sich, durchdrungen von Erkenntlichkeit, zum zweyten Male vor dem Throne des Ynka nieder und versprachen, künftig gute und getreue Unterthanen gegen ihn zu seyn. "Der grosse Ynka Mayta Capak gäbe durch seine Worte un Handlungen gnugsam zu erkennen," sagte sie, "daß er wahrhaftig ein Sohn de Sonne sey, da er vermögend gewesen wäre diejenigen mit der größten Gunstbezeugun von der Welt zu beehren, welche durch ihr Verwegenheit und Widerspenstigkeit den To verdient hätten."

Zweytes Buch.

Neuntes Kapitel.

rey Provinzen unterwerfen sich dem Yn-
; er bezwingt noch Andere; legt Colonien
en an und bestraft gewisse Völker,
welche sich des Giftes gegen ihre Feinde bedienten.

as Gerücht von der wunderbaren Strafe, welche die Sonne über die Collas
Cacyaviri, dem gemeinen Glauben zuge, hatte ergehen lassen, nebst der Ge-
digkeit und Güte, wovon der Ynka be-
, die sich ihn unterwarfen, täglich neue
weise gab, gewannen ihm die Herzen al-
Völker so sehr, daß sich die mehresten,
lche um die Provinz Hatunpakassa, her-
wohnten, freywillig dem Ynka unter-
rfen, und ihm, als den Sohn der Son-
anbeteten. Aber unter den Völkern, wel-
dieses Mal seine Herrschaft annahmen,
ren die merkwürdigsten, Cauquikura,
allama und Huarina. Die Länder, wel-
sie bewohnten waren reich an Heerden
b sehr fruchtbar. Der Ynka überhäufte
mit Gnadenbezeugungen und ging wieder

J 2 über

über den Kanal nach Cusko zu. Als er i
Altun-Colla angekommen war, schickte
sein Heer in die westlichen Gegenden.
gab ihm vier Unterfeldherren zu Anführer
welchen er befahl, durch die Wüste Hatu
puna, bis an welche der Ynka Lloque Y
panqui seine Eroberungen ausgebreitet hatt
zu gehen und alle Völker, welche sie jens
dieser Wüste, bis an das Meer antreffen wü
den, seinem Gehorsam zu unterwerfen. Do
empfahl er ihnen; wenn sie unter diesen Vi
kern solche Halsstarrige anträfen, daß
nicht möglich wäre, sie auf eine andere A
als durch Gewalt zu bezwingen; so solt
sie dieselben lieber in dem Zustande lasse
worinne sie sie fänden, ehe sie sie durch
Waffen vertilgten; denn die Zeit würde i
nen schon die Augen öffnen, daß sie endli
freywillig die wohlthätigen Gesezze der Y
kas annähmen. Nachdem er sie hierauf n
allen nöthigen versehen, rückten die Anfü
rer mit ihrem Heere fort. Sie standen v
le Beschwerlichkeiten auf dem Gebürge,
erra-Nevada, aus; denn es war mit Schn
bedeck

bedeckt; und sie mußten dreyßig Meilen unbewohntes Land, ohne einen betretenen Weg zu haben, zurück legen. Endlich erreichten sie die Landschaft Cuchuna, deren Einwohner ziemlich zahlreich waren, aber zerstreut und von einander entfernt wohnten. So bald sie von der Annäherung dieses Heeres Nachricht bekamen, so zogen sie sich mit ihren Weibern und Kindern an einen haltbaren Ort und verschanzten sich da. Die Truppen des Ynka fingen alsbald an, sie zu belagern, allein ohne sie gewaltsam anzugreifen, ob ihre Bevestigungen gleich sehr schwach waren. Sie boten ihnen vielmehr vortheilhafte Friedens- und Freundschaftsbedingungen an, von welchen gleichwohl Jene nichts hören wolten. Mehr als funfzig Tage verflossen auf diese Art, während welcher Zeit das Heer des Ynka Gelegenheiten gnug hatte, den Feinden vielen Schaden zuzufügen, allein es machte sich keine derselben zu Nuzze. Mit einem Worte, es beobachtete die Befehle des Ynka auf das genaueste. Indessen fand sich der Hunger bey den Feinden ein und druckte sie um so viel heftiger, da ihnen die plözliche Erscheinung des fremden Heeres nicht Zeit gelassen hatte, sich mit hinlänglichen Lebensmitteln zu versehen. Dennoch schmeichelten sie sich, ihre Feinde würden, wenn sie ihren Widerstand sähen, die Belagerung aufheben. Die Männer und Weiber zeigten Herzhaftigkeit gnug, den Hunger zu ertragen; allein die Kinder und jungen Leute fanden ihn unerträglich. Sie assen Graß, wie die Thiere, und Einige gingen sogar zu den Feinden, ohne daß ihre Väter sie daran verhinderten, weil sie sie lieber in der Gewalt der Feinde, als todt wissen wolten. Wenn die Soldaten des Ynka sie kommen sahen, so begegneten sie ihnen freundlich; sie gaben ihnen sogar zu essen, und schickten durch sie ihren Vätern Speise, bey welcher Gelegenheit sie ihnen neue Friedensvorschläge thun liessen. Dieses sanftmüthige Verfahren machte desto eher Eindruck auf die Feinde, da sie auf keinen Entsaz oder Beystand hoffen durften: sie beschlossen einmüthig sich freywillig, ohne Bedingungen

zu

zu machen, zu ergeben. Denn sie glaubten leicht, daß diejenigen, welche sich, während ihres Widerstandes so sanftmüthig gegen sie bezeigt, noch gütiger seyn würden, wenn sie sie gedemüthiget und ihrem Willen unterworfen, erblicken würden. Sie überliessen sich also der Barmherzigkeit der Leute des Ynka, welche sie freundlich aufnahmen, ohne ihnen die geringste Rachgier oder Empfindlichkeit wegen des Vergangenen blicken zu lassen. Sie gaben ihnen vielmehr neue Freundschaftsversicherungen, stillten ihren Hunger und benahmen ihnen die falschen Meinungen, die sie eingenommen hatten; indem sie sie versicherten, daß der Ynka, indem er diese Länder eroberte, nicht die Absicht habe, tyrannisch über sie zu herrschen, sondern zufolge des Gebotes, welches er von seinem Vater der Sonne, bekommen, ihnen Gutes zu thun. Um sie noch mehr von der Wahrheit dieses Vorgebens zu überzeugen, schenkten sie den Vornehmsten, im Namen des Ynka, Kleider, den Andern aber Vorrath und Lebensmittel und ließsen

sen sie vergnügt in ihre Wohnungen gehen.

Nachdem dieses Geschäfte geendiget war, berathschlagten sich die Anführer der Armee über den Erfolg ihrer Eroberung, und wurden endlich unter sich einig; Pflanzbürger vom Ynka zu verlangen, um zween Städte damit anzulegen; weil sie glaubten, daß diese Landschaft mehr Leute ernähren könnte, als darinne wohnten, und weil sie es für nöthig hielten, eine Besazzung zu hinterlassen, welche die alten Einwohner auf allen Fall im Gehorsam erhalten könnte. Als der Ynka diese Nachricht bekommen hatte, beschloß er, diejenige Anzahl von Leuten dahin abzuschicken, welche man von ihm verlangte. Sie zogen also mit Weibern und Kindern hin, und besezten zwo Städte, von welchen die Eine, welche am Fusse des Berges lag, wo die Einwohner sich verschanzt hatten, den Namen des Berges, an welchem sie erbauet ward erhielt, und Cuchuna, die Andere aber Moquehua genennet ward. Diese beyden Städte liegen in der

Gerichts-

Gerichtsbarkeit Collisuyu, zwo Meilen von einander und sind noch izt die vornehmsten in diesen Landschaften.

Aber während der Zeit, daß die Anführer dieser Armee des Ynka in dem Lande der Barbaren den Grund zu diesen Städten legten und für alles, was sie zu ihrem Unterricht und Polizey nöthig achteten, Sorge trugen; erfuhren sie, daß es Leute unter ihnen gäbe, welche sich gegen ihre Feinde des Giftes bedienten; nicht sowohl um sie zu tödten, als um ihr Gesicht zu entstellen, und ihnen Schmerzen zu verursachen. Dieser Gift war von solcher Beschaffenheit, daß nur schwache Leute davon starben: allein er hatte auch bey den Stärksten eine so schlimme Wirkung, daß ihnen der Tod lieber hätte seyn müssen, als das Leben: Er raubte ihnen die Empfindung; verhinderte den Gebrauch ihrer Glieder, und verwirrete ihren Verstand. Auserdem machte er, daß ihr Gesicht mit weissen und schwarzen Blattern bedeckt war, daß man sie ohne Abscheu nicht ansehen konnte. Die Unterfeldherren

J 5   des

des Ynka hatten dieses nicht so bald erfahren, als sie ihm Nachricht davon gaben. Dieser schickte ihnen Befehl zu; alle diejenigen, welche man überzeugen könnte, daß sie sich einer so grossen Grausamkeit schuldig gemacht, langsam am Feuer zu braten, und dieses Urtheil auf das genaueste zu vollziehen. Diese Verordnung des Königes war den Einwohnern des Landes so angenehm, daß sie die Schuldigen selbst aufsuchten, das Urtheil an ihnen vollstreckten und diese Boshaften insgesammt verbrannten. Hiermit noch nicht zufrieden, zerstörten sie auch ihre Häuser, weil sie die Wohnungen so verfluchter Leute gewesen waren, verbrannten ihr Vieh, verwüsteten ihre Ländereyen und rotteten ihre Bäume aus. Denn sie wolten daß diese Oerter beständig unbewohnt und wüste blieben, damit nicht etwa ihre zukünftigen Besizzer, zu ihrem Schaden, die Bosheit der Vorigen erben möchten. Diese Strenge sezte das ganze Land in ein solches Schrecken, daß, nach dem Berichte der Einwohner, diese schwarzen Verbrechen, so lange

lange die Ynkas regierten, niemals mehr ausgeübt wurden, bis die Spanier dieses Land eroberten. Nachdem die Anführer der Armee des Ynka diese Gerechtigkeit ausgeübt, die neuen Pflanzstädte in Ordnung gebracht, und für die Regierung der bezwungenen Völker gesorgt hatten; kehrten sie nach Cusko zurück, um Rechenschaft von ihren Verrichtungen abzulegen. Der König empfing sie auf das Beste und belohnte sie für ihre geleisteten Dienste.

Zehntes Kapitel.
Der Ynka erobert drey Provinzen und gewinnt eine blutige Schlacht.

Nach einigen Jahren beschloß der Ynka Mayta Capak von neuem, neue Landschaften seiner Herrschaft unterwürfig zu machen; er bewaffnete zu dem Ende alle, zu Kriegsdiensten taugliche, Mannschaft und ließ die, zu ihrem Unterhalte nöthigen, Vorräthe zusammen bringen. Er ging hierauf mit seinem Heere grade nach Puzarain Umasuyu, welches die äuserste Stadt war, die sein

Groß=

Großvater, oder nach Andern sein Vater, in dieser Gegend an den Gränzen angelegt hatte. Von Puzara rückte er gegen Morgen fort, in die Landschaft Larikassa, welche er ohne Widerstand eroberte, ja die Einwohner waren sogar darüber erfreut ihn zum Herrn zu bekommen. Er ging von hier weiter in die Landschaft Sankavan; die er sich eben so leicht unterwürfig machte. Denn der Ruf, welcher die schönen Thaten der Ynkas allenthalben ausgebreitet, hatte die Einwohner dieser Länder geneigt gemacht, sich ihm freywillig zu unterwerfen. Diese beyden Landschaften sind sehr bevölkert und voller Heerden. Sie haben mehr als funfzig Meilen in die Länge und auf der einen Seite dreyßig, auf der andern aber zwanzig, in die Breite. Nachdem er alles was den Gottesdienst und die Landesregierung betrifft, seiner Gewohnheit gemäß, in diesen Ländern in Ordnung gebracht, rückte er in ein Land, welches Pakassa genennt wird, dessen Einwohner eben so wenig Widerstand thaten, als die vorigen. Alle sagten ihm einmüthig
Gehor-

Zweytes Buch.

Gehorsam zu und erkennten ihn für den Sohn der Sonne.

Dieses Land, welches sehr groß ist und worinne verschiedene Städte liegen, macht ein Stück von dem aus, welches von dem Ynka Lloque Yupanqui, wie wir gesagt haben, erobert worden ist. Daß also die beyden Ynkas, Vater und Sohn, die Eroberung dieses Landes völlig zu Stande brachten. Der Ynka Mayta Capak zog nach diesem auf der königlichen Strasse von Umasuyu fort und lagerte sich nicht weit von einer Stadt, welche man Huaychu nennet. Hier bekam er Nachricht, daß ein wenig weiter hin ein grosses Heer stünde, welches sich ihm widersezzen wolte. Er rückte demohngeachtet weiter fort, um seine Feinde aufzusuchen, welche sich ihm auch entgegen stellten, und ihm den Uebergang über den Fluß Huychu streitig machen wolten. Dreyzehn bis vierzehn tausend bewaffnete von verschieden benennten Völkerschaften, die aber insgesammt unter dem allgemeinen Namen der Collas begriffen waren, erschienen zu dem

dem Ende im Felde. Der Ynka, welcher nach der hergebrachten Sitte seiner Vorfahren keine Lust hatte, ihnen eine Schlacht zu liefern, schickte mehr als einmal Botschafter an sie, um ihnen die schönsten Anerbietungen von Frieden und Wohlwollen thun zu lassen. Allein dieses Betragen, welches sie aus einem Mangel der Herzhaftigkeit herleiteten, vermehrte nur ihren Truz und Verwegenheit. Von diesem falschen Vorurtheile eingenommen, gingen sie an verschiedenen Orten Truppweise über den Fluß, kamen bis vor das Lager des Ynka und griffen seine Leute mit dem größten Uebermuthe an. Noch wendete er alles Mögliche an, um das Blutvergiessen auf beyden Seiten zu verhindern; er ertrug ihre Drohungen mit so großmüthiger Geduld, daß seine Leute schon anfingen, ihn deßwegen zu tadeln, indem sie sagten: Es sey der Majestät eines Sohnes der Sonne unanständig, die Kühnheit dieser Barbaren ungestraft zu lassen. Es könne auch nicht geschehen, ohne sich künftig verächtlich zu machen, und die Hochachtung

Zweytes Buch.

achtung zu verliehren, die er in der vergangenen Zeit gewonnen hätte.

Der Ynka antwortete ihnen hierauf; Sein Vater, die Sonne, befehle ihm, bey allen Gelegenheiten auf das Beste aller Einwohner dieses Landes zu sehen; Er könne diese Barbaren also nicht gleich anfangs mit gewaffneter Hand angreifen, sondern müßte erst eine gewisse Zeit vorbey streichen lassen, um zu sehen, ob sie nicht endlich das Gute erkennen würden, welches er bereit sey ihnen zu thun. Er hielt sie eine Zeitlang durch diese Vorstellungen zurück, ohne ihnen zu erlauben, mit den Feinden handgemein zu werden. Dennoch zwang ihm endlich sowohl der Uebermuth der Barbaren, der unerträglich war, als auch das ungestüme Anhalten der Seinigen die Einwilligung zu einer Schlacht ab. Seine Soldaten, welche dieses schon lange gewünscht hatten, thaten alsbald den Angrif. Die Feinde empfingen sie mit vielem Muthe, sie schienen bereit, ihre Freyheit bis auf das äuserste vertheidigen und bey dem Entschlusse beharren zu
wollen;

wollen; den Ynka nicht für ihren König zu erkennen, ob er sich gleich einen Sohn der Sonne nennte. Man fochte auf beyden Seiten mit vieler Hartnäckigkeit, und auf Seiten der Collas mit wenig Vorsicht. Diese stürzten sich ohne Ordnung und Kriegszucht in ihre Feinde hinein und waren auf nichts bedacht, als ihre Feinde zu tödten oder zu verwunden, ohne ihre Streiche zu vermeiden. Das Treffen dauerte einen ganzen Tag und der Ynka focht dabey als ein tapferer Soldat und kommandierte als ein erfahrner Feldherr, welcher sowohl seine Leute zu schonen, als auch zu rechter Zeit zum Siege aufzumuntern weiß.

Eilftes Kapitel.
Die Huaychu ergeben sich dem Ynka und erhalten von ihm Verzeihung.

Mehr als sechstausend Collas kamen, wie ihre Nachkommen sagen, in dieser Schlacht um; auf der Seite des Ynka hingegen, wo man die beste Ordnung und genaueste Kriegszucht beobachtet hatte, blieben nicht

Zweytes Buch.

nicht mehr, als fünf hundert. Die Dunkelheit der Nacht brachte die Streitenden aus einander, und jedes Heer begab sich wieder in sein Lager zurück. Die Collas bemerkten nun die grosse Anzahl ihrer Gebliebenen und fühlten den Schmerz ihrer Wunden, welches im Treffen nicht geschehen war; dieses benahm ihnen den Muth. Allein sie wußten nicht, wie sie sich rathen, noch wozu sie sich entschliessen solten. Denn sie hatten weder Macht genug, sich durch die Waffen von ihren Feinden zu befreyen; noch auch Gelegenheit ihnen durch die Flucht zu entgehen; und da sie die vortheilhaften Bedingungen, die ihnen der Ynka angeboten, hochmüthig verachtet hatten, so achteten sie sich selbst einer Gnade unwürdig.

In dieser Verwirrung hielten sie es für das sicherste, dem Rathe der Aeltesten unter ihnen zu folgen. Diese waren der Meinung, man müsse sich ergeben; Wenn sie die Gnade dieses Fürsten anfleheten, sagten sie, so würde er ihnen ohne Zweifel, so sehr er auch beleidiget wäre, nach dem Beyspiele sei-

I. Theil. K ner

ner Vorfahren, vergeben, welche allezeit Mitleiden und Barmherzigkeit gegen ihre reuigen Feinde ausgeübet hätten. Nach diesem gefaßten Entschlusse, suchten sie alle, am folgenden Morgen, sobald es Tag war, in dem kläglichsten Aufzuge zu erscheinen. Die Soldaten waren halb nackend, ohne Etwas auf dem Kopfe, oder an den Füssen zu haben; die Hauptleute und Vornehmsten aber liessen sich die Hände binden und so gingen sie insgesammt nach dem Zelte des Ynka und stellten sich ihm dar; ihre Augen waren voller Thränen und keiner getrauet sich ein Wort zu reden. Endlich aber, da sie sahen, daß er sie höflich aufnahm, fielen sie vor ihm nieder auf ihre Kniee und sagten: Sie kämen nicht, seine Gnade anzuflehen, denn sie wüßten, daß sie sich ihr durch ihre Hartnäckigkeit unwürdig gemacht hätten; sondern um sich selbst zu Opfern anzubieten, damit ihr Beyspiel Andere belehren möchte, nicht in gleichem Fehler zu verfallen, und gegen den Sohn der Sonne widerspenstig und undankbar zu seyn.

De

Zweytes Buch.

Der Ynka ließ ihnen durch Einen seiner Hauptleute in seinem Namen zur Antwort geben: Die Sonne habe ihn nicht zu den Völkern dieses Landes gesandt sie zu tödten, sondern ihnen Gutes zu thun; sie von ihrer unvernünftigen Lebensart abzuziehen; sie die Sonne, als ihre Gottheit kennen zu lehren und ihnen gute Gesezze zu geben, damit sie künftig als Menschen leben möchten. Diesem Befehle ein Gnüge zu thun, zöge er aus Einer Landschaft in die Andere, um alle Einwohner, die er anträfe zu Dienern der Sonne zu machen, ob er gleich ihrer nicht bedürfte. Er, als ein Sohn dieses guten Vaters, verziehe ihnen und schenke ihnen das Leben, ob sie es gleich nicht verdienten. Uebrigens könnten sie aus der harten Strafe, welche die Sonne, in voriger Schlacht, über sie verhänget urtheilen, wie groß ihr Zorn gegen sie sey. Dieses müsse sie belehren, künftig klüger zu seyn, und ihr zu gehorchen, damit sie ein glückliches und zufriedenes Leben führen möchten. Nachdem er ihnen dieses hatte sagen lassen, befahl er,

K 2 ihnen

ihnen Kleider zu geben, ihre Wunden zu verbinden und jede gute Begegnung wiederfahren zu lassen. So kehrten diese Collas, erfreut daß sie so gnädig davon gekommen waren, in ihre Wohnungen zurück und verkündigten allenthalben, daß ihre Widersezlichkeit die einige Ursache ihres Unglücks sei und daß sie ihr Leben allein der Gnade der Ynka zu danken hätten.

Zwölftes Kapitel.
Unterwerfung verschiedener Städte; erst Brücke welche der Ynka bauen läßt.

Die Nachricht von einer so blutigen Niederlage breitete sich gar bald in allen diesen Gegenden aus. Die meisten Völker sahen sie als eine Strafe an, welche die Sonne über diese widerspenstigen Collas verhängt hätte, weil sie sich den Ynkas, ihren Kindern widersezt und ihre Wohlthaten nicht hätten annehmen wollen. Dieses war Ursache, daß verschiedene Städte, welche schon Kriegesleute, um dem Ynka Widerstand zu thun,

Zweytes Buch.

hun, in Bereitschaft hatten, dieselben wieder aus einander gehen liessen. Aufgemuntert durch die Gutherzigkeit und Gnade dieses Königes, gingen ihm die Einwohner sogar entgegen und baten ihn, sie für seine getreuen Unterthanen zu erkennen. Der Ynka empfing sie sehr höflich, gab ihnen Kleider und machte ihnen auch andere Geschenke. Sie waren mit dieser guten Aufnahme so wohl zufrieden, daß sie, aus Erkenntlichkeit für diese Wohlthaten allenthalben ausbreiteten; daß die Ynkas wahre Kinder der Sonne, und nur ihre Unterthanen glücklich wären.

Nunmehr unterwarfen sich alle Städte gegen Mittag, nach der Landschaft Charkas zu, von Huaycha bis nach Callamarka, welches einen Weg von dreyßig Meilen ausmacht, dem Ynka. Nachdem er in diesen die nöthigen Einrichtungen gemacht, rückte er weiter, gerade auf Carakollo zu und machte die Städte, welche auf beyden Seiten des königlichen Weges liegen, bis an den See Paria zinsbar. Von hier wendete er sich gegen Morgen, nach dem Lande der Antis und gelangete in das Thal, welches man heut zu Tage Chuquiapu, oder die Lanze des Feldherrns nennet. Er legte in diesem Lande viele Städte an, und bevölkerte sie mit Einwohnern, die aus verschiedenen Landschaften herbey kamen. Weil er bemerkte, daß dieses grosse Thal viel wärmer, als alle Gegenden im Lande der Collas, und also auch zum Manzbau viel geschickter wäre.

Indem der Ynka seinen Weg gegen Osten fortsezte, gelangete er durch das Thal Carakata zu den grossen Schneegürgen im Lande der Antis. Dieses Volk ist mehr als dreyßig Meilen von dem grossen Wege Umasuyu entfernt. Nachdem er drey Jahr auf dieser Reise zugebracht, verschiedene Städte oder Völker seiner Herrschaft unterworfen, den Einwohnern Gesezze gegeben und ihre Regierung in Ordnung gebracht; kehrte er nach Cusko zurück, wo er von dem Volke mit grossen Freudensbezeugungen empfangen ward. Hier genoß er der Ruhe zwey bis drey Jahre; da ihm aber sein grosser Geist nicht

gestat-

gestattete länger unthätig zu bleiben; so machte er Anstalten zu einem neuen Feldzuge und versahe sein Heer mit allem, was hierzu erforderlich war. Er entschloß sich, die grossen, westwärts von Cusko liegenden, Landschaften zu seinem Reiche zu ziehen, welche Gegend von den Peruanern Contisuyu genennt wird. Um dahin zu gelangen, mußte er über den Fluß Apurimak gehen; er wolte also eine Brücke darüber schlagen lassen. Da er aber sahe, daß seine Leute nicht wußten, wie sie dieses anfangen solten, so besprach er sich davon mit den klügsten Einwohnern des Landes und ließ sie hierauf nach seiner eigenen Erfindung bauen. Da dieses die erste Brücke von Weiden ist, die auf Befehl eines Ynka in Peru verfertiget ward, so will ich sie hier beschreiben.

Wenn die Peruaner eine solche Brücke machen wollen, so bringen sie eine grosse Menge Ruthen oder Gerten von einer gewissen Art Weiden zusammen, die aber weder so stark noch so geschmeidig als die spanischen

nischen Weiden sind. Von diesen machen sie für das Erste eine Flechte, die so lang ist, als die Brücke werden soll. Nachdem sie noch verschiedene solcher Flechten von gleicher Länge und Breite verfertiget haben, so vereinigen sie sie, daß nur Eine ohngefehr, von der Dicke eines Mannes, daraus entstehet; solcher Flechten macht man fünfe. Die Art, sie an das andere Ufer des Flusses zu bringen, ist folgende: Man knüpfet viele kleine, ziemlich dünne Stricke an ein starkes Seil, welches die Dicke eines Arms hat. Es wird von einem gewissen Hanfe gemacht, welchen die Peruaner Chahuar nennen. Vermittelst der kleinen Stricke bevestigen sie eine der Flechten an das dicke Seil, worauf es etliche Peruaner ergreifen, damit über den Fluß schwimmen, und alsdann die Flechte hinüber ziehen. So verfahren sie mit Einer Flechte nach der Andern. Sie heben sie nach diesem auf zwey ziemlich hohe Stützen, oder Streben, die entweder aus Felsen, die sie da zur Hand finden, oder aus andern vesten Steinen bestehen. Diese Stützen sind

nach

nach der Landseite zu hohl und auf beyden Seiten mit starken Mauern gestüzt. In den hohlen Raum dieser Stüzzen, bevestiget man, von einer Mauer zu der Andern fünf oder sechs starke Bohlen nach der Reihe, mit welchen die Enden der Flechten vereiniget worden. Der Boden der Brücke bestehet aus drey solchen dicken Flechten; die andern zwo werden auf beyden Seiten, anstatt des Geländers angebracht. Die Brücke ist ohngefehr zwo Ellen breit und die Flechten des Bodens sind mit Armstarken Stücken Holz belegt, welche an die Flechten bevestiget sind. Auf diese sehr ordentlich neben einander gelegten Stücken Holz pflegen sie noch eine Menge in einander geflochtene Zweige von Bäumen zu werfen; damit die Brücke desto weniger von den darüber Gehenden leidet, und diese auch einen desto sichrern Tritt haben. Die Brücke über den Fluß Apurimak, welche die größte in Peru ist, hat zweyhundert Schritte in die Länge. Unter der Regierung der Ynkas ward diese Brücke jährlich erneuert; die Einwohner der benachbarten

Landschaften mußten dafür sorgen und auch, eine Jede nach ihrem Vermögen, die gehörigen Materialien dazu hergeben.

Dreyzehntes Kapitel.
Auf das Gerücht von dieser Brücke unterwerfen sich verschiedene Völker dem Ynka freywillig.

Sobald die Brücke zu Stande gebracht war, sezte sich der Ynka mit seinem Heere von zwölftausend Mann, welches von erfahrnen Offizieren angeführt ward, in Bewegung. Als er zu der Brücke gelangte, fand er an beyden Enden derselben eine gute Wache von Soldaten, welche zu ihrer Vertheidigung da stunden, wenn sie die Feinde etwa hätten wollen in den Brand stecken. Allein diese dachten hieran nicht, und waren über dieses ungewöhnliche Gebäude eben so erstaunt, als geneigt, den Fürsten für ihren Herrn zu erkennen, welcher sie hatte machen lassen. Es unterwarfen sich ihm daher verschiedene Provinzen, worunter die Vornehmste Chumpivillka war. Diese allein ist

zwan=

Zweytes Buch. 155

zwanzig Meilen lang und zwölfe breit. Der Ynka traf nirgends Widerstand an, auser bey der einzigen Stadt Bivilli, welche die Einwohner verliessen und sich in einen bevestigten Ort begaben. Dennoch hatte der Ynka nicht nöthig sie länger, als zehn oder zwölf Tage zu belagern, worauf sie sich ergaben und von ihm Verzeihung erhielten. Er verließ hierauf dieses Land, nachdem er die Ruhe völlig wieder hergestellt hatte und that einen Zug nach der Wüste von Cuntisuyu, welche sechzehn Meilen breit ist. Ein Strich von drey Meilen war so morastig und unwegsam, daß er mit seinem Heere Halte machte und ihm verbot weiter fortzurücken.

Aber der Ynka Mayta Capak wußte durch Kunst und Fleiß die Schwierigkeiten, welche ihm die Natur entgegen stellte, zu überwinden. Er ließ einen Damm von grossen und kleinen Steinen, worunter er Erdklumpen mischete, aufführen. Er half selbst bey dieser Arbeit, nicht nur indem er die nöthigen Befehle gab, sondern er legte auch
selbst

selbst Hand an, die grossen Steine, welche dabey gebraucht wurden, aufzuheben und fort zu rollen; so daß seine Leute, durch sein Beyspiel aufgemuntert, diesen Damm, der sechs Ellen breit und zwo Ellen hoch war, in kurzer Zeit zu Stande brachten. Die Peruaner, welche diese Gegenden bewohnen, haben allezeit grosse Achtung für dieses Werk des Ynka gehabt, weil es ihnen viele Mühe und einen grossen Umweg ersparet. Um deßwillen haben sie es auch allezeit mit dem größten Fleisse unterhalten und sobald ein Stein daran fehlt, ersetzen sie ihn durch einen Andern. Ein Jedes Volk hatte seinen, ihm davon angewiesenen, Antheil, und arbeitete pünktlich an dem Orte, den es unterhalten mußte; so daß dieser Damm immer neue zu seyn schien. Man beobachtete eben diese Genauigkeit und Ordnung in allen Ausbesserungen, welche zum besten des gemeinen Wesens geschahen. Man theilte sie auf die Familien oder die Häuser ein, wenn sie nicht beträchtlich waren; an grossen Werken aber, als an Brücken, Vestungen, königlichen Häu-

Häusern, war Städten oder ganzen Landschaften ihre Arbeit angewiesen.

Vierzehntes Kapitel.
Der Ynka erobert noch verschiedene Landschaften und stirbt ruhig in seinem Königreiche.

Nach Vollendung des Dammes drang der Ynka Mayta Capak weiter vor und rückte in die Landschaft Allka ein. Hier hatte sich eine Menge Volk aus dieser ganzen Gegend versammelt, in der Absicht, ihm den Uebergang über gewisse steile Anhöhen, die auserordentlich rauhe waren, streitig zu machen. Sie sind so schwer zu ersteigen, daß sie auch bey denen, die keine Feinde zu fürchten haben, Entsezzen erwecken; wie viel fürchterlicher mußten sie also für die seyn, die hier den Angrif vieler Feinde erwarteten. So gefährlich sie indessen waren; so besaß doch der Ynka Klugheit und kriegerische Geschicklichkeit gnug daß er, bey allem Widerstande der Feinde immer weiter vorrückte; und einen muthigen Angrif nach dem Andern

dern that. Bey diesen Vorfällen blieber nun freylich immer auf beyden Seiten Einige; als aber endlich die Feinde sahen, daß sie, anstatt Etwas zu gewinnen, von Tage zu Tage weiter zurück getrieben wurden und mehr Grund verlohren und daß sie, sogar an diesen, beynahe unzugänglichen, Oertern den Truppen des Ynka nicht widerstehen konnten; so sagten sie endlich einmüthig; die Ynkas müßten gewiß wahre Kinder der Sonne seyn, weil sie in allen Gefahren so unüberwindlich wären. Eingenommen von diesem Glauben, nahmen sie, nach einem zweymonatlichen Widerstande, den Ynka zu ihren unumschränkten Herrn und Gebieter an und sagten, als gute und getreue Unterthanen, ihm einen unverbrüchlichen Gehorsam zu.

Auf diese Art hielt der siegreiche Ynka seinen Einzug in die vornehmste Stadt dieser Gegend, Namens Allka. Von hier zog er in andere grosse Landschaften, welche die Namen Taurisma, Cotahuaci, Pumatampu, und Parihuana=Cocha hatten. In
der

der Sprache der Ynkas bedeutet Parihuana-Cocha so viel als Sperlingssee, und
Puma-Tampu, Löwenhöhle. Denn Puma
heißt, Löwe; und Parihuana, Sperlinge,
und andere kleine Vögel.

Von Parihuana-Cocha sezte der Ynka
seinen Zug, durch die Wüste Coropuna,
fort. In dieser gebürgichen Einöde ist ein
hoher Berg, dessen Gipfel die Gestalt einer
Pyramide hat und beständig mit Schnee bedeckt ist. Die Einwohner nennen diese
Schneepyramide Huaka, das ist, Wunder-
bare; sie brachten ihr auch vor Zeiten Opfer
und beteten sie an. Nach Zurücklegung der
Wüsten, kam der Ynka in die Landschaft
Aruni und aus dieser in das Land Collahua,
welches sich bis an das Thal Arequipa erstreckt.

Alle diese Völker und Landschaften wurden von dem Ynka Mayta Capak ohne
grosse Mühe mit seinem Reiche vereiniget.
Denn auf das Gerücht von seinen grossen
Thaten und seiner Ersteigung des beynahe
unzugänglichen Gebürges Allka, hielten ihn
alle Völker für unüberwindlich und glaubten,

daß

daß er in der That ein Sohn der Sonn[e] sey; daher begaben sie sich mit Freuden u[n]ter seine Herrschaft. Der Ynka hielt sich i[n] jeder Provinz so lange auf, als es ihm n[ö]thig schien, um den Frieden und eine gu[te] Regierungsform zu bevestigen. Weil er da[s] Thal Arequipa zu wenig bewohnt fand, [so] schickte er aus den andern Ländern, die e[r] erobert hatte, eine grosse Anzahl Einwohne[r] dahin: denn der Boden schien sehr frucht[bar und die Luft sehr gesund zu seyn. Meh[r] als dreytausend Familien verliessen also ihr[e] vorigen Wohnungen, und begaben sich i[n] dieses Thal. Mit diesen Leuten legte er vie[r] bis fünf Städte an; die zwo berühmteste[n] davon sind Chimpa und Sukahuaya. Nach[dem er Statthalter und andere Obrigkeiten, welche er für nöthig hielt, hier bestellt hatte, kehrte er nach Cusko zurück. Er hatte drey ganze Jahre mit dieser Eroberung zugebracht; in welcher Zeit er, allein in Cuntisuyu einen Strich Landes von 90 Meilen in die Länge und 10 bis 15, in die Breite mit seinem Reiche vereinigte.

Er

Zweytes Buch.

Er wurde zu Cusko mit grossen Feyerlichkeiten empfangen: man bereitete ihm einen prächtigen Einzug und bey den Festen, die man ihm zu Ehren anstellte, sahe und hörte man nichts, als Freudensbezeugungen, Tänze und Gesänge, welche zum Lobe seiner Heldenthaten gemacht wurden. Der Ynka belohnte seine Hauptleute und Soldaten und ließ alsdann seine Armee auseinander gehen. Zufrieden mit dem, was er erobert hatte, schloß er nunmehr die Ruhe zu geniessen. Seine Gedanken waren von nun an auf nichts gerichtet, als Gesezze zu machen, welche die gute Regierung seines Reichs bevestigten, und den Armen, Witben und Waisen ihren Zustand erleichterten. Man weiß nicht genau, wie lange er gelebt hat; doch sezet man die Zeit seiner Regierung ohngefähr auf dreyßig Jahr. Er starb mit Ruhm bedeckt, welchen er sich durch seine Eroberungen und schönen Thaten, sowohl im Kriege, als im Frieden, erworben hatte. Alle seine Unterthanen, die ihn in seinem Leben auf das höchste geschäzt und geliebt

I. Theil.   L   hatten,

hatten, betrauerten ihn nach seinem Tot
ein ganzes Jahr. Capak Yupanqui, sei
ältester Sohn, welchen er mit seiner Schw
ster Mama Cuka erzeugt hatte, war se
Nachfolger. Er hatte aber, auser diese
Prinzen, noch viel rechtmäßige und natürl
che, Söhne und Töchter.

Funfzehntes Kapitel.
Capak Yupanqui, der fünfte König e
obert verschiedene Landschaften in
Cuntisuyu.

So bald der Ynka Mayta Capak to
war, nahm sein rechtmäßiger Er
Capak Yupanqui die buntfarbige Hauptbi
be, das Zeichen der obersten Herrschaft a
das ist, er nahm Besiz von seinem väter
chen Reiche. Nachdem er ihm ein prächtig
Leichenbegängniß gehalten, durchreisete er a
seine Staaten, um sich nach dem Verhalt
seiner Statthalter und andern Obrigkeit
chen Personen zu erkundigen. Er brach
zwey Jahre auf dieser Reise zu und keh
endlich nach Cusko zurück. Nach seiner A
ku

nft zog er sein Kriegsheer zusammen und achte grosse Zurüstungen zu einem Feldzu-, welchen er im folgenden Jahre unter-hmen wolte. Er sezte sich vor, in Cunti-yu, oder der westlichen Gegend neue Erobe-ngen zu machen, wo verschiedene, sehr stark völkerte Landschaften waren. Diesen Zug sto bequemer zu verrichten, befahl er, eine dere Brücke, über den grossen Fluß Apu-mak, weiter hinunter, als die bey Akcha, der Gegend von Huakachaka, zu ma-en. Man arbeitete mit allem Fleisse dar-; sie wurde länger, als die vorige, weil r Fluß hier breiter war, als dort.

Der Ynka zog mit einer zwanzigtausend lann starken Armee aus Cusko. Der ßeg bis zu der Brücke beträgt zwar nur ht Meilen, aber er ist für ein Heer äusserst schwerlich, weil ein Gebürge dazwischen gt, dessen perpendikuläre Höhe eine halbe Neile ausmacht. Man muß von Cusko s drey Meilen aufwärts steigen, ehe man ssen Gipfel erreicht; und eben so viele Mei-

L 2   len

len muß man hinab steigen, um zum Flu[ß]
zu gelangen.

Nachdem er über die Brücke gegang[en]
war, kam er in eine Landschaft, welche m[an]
Yanahuara nennt; es waren viele Stä[dte]
darinnen. Die Einwohner der Stadt P[iti]
ergaben sich alsbald, und erkannten sich [zu]
einem solchen Eifer für seine getreuen Unt[er]
thanen, daß man noch kein Beyspiel dav[on]
gesehen hatte. So bald sie seine Ank[unft]
erfuhren; gingen sie ihm insgesammt, M[än]
ner, Weiber und Kinder, mit muntern [Ge]
sängen und lautem Freudengeschrey entgeg[en]
Der Ynka empfing sie sehr vergnügt u[nd]
ließ ihnen Kleider und andere Geschen[ke]
nach der Gewohnheit seines Hofes, geb[en]
Auserdem schickten auch die Einwohner v[on]
Piti Boten in alle ihnen benachtbarte St[äd]
te, ließen ihnen die Ankunft des Ynka
wissen thun, und zugleich sagen, daß sie [ihn]
für ihren Herrn und König erkannt hätt[en]
Dieses hatte einen so glücklichen Erfolg, [daß]
auch die andern Curakas des ganzen Volk[s]
Yanahuara sich seinen Gesezzen unterwarf[en]

D

Der Ynka begegnete ihnen eben so gü[...], als den Vorigen; und besuchte alle Städ[te] dieses Landes, welches dreyßig Meilen [la]ng und vierzehn breit ist. Aus der Land[sch]aft Yanahuara sezte er seinen Zug nach [de]r Landschaft Aymara fort, auf welchem [W]ege er eine funfzehn Meilen breite Wüste [zu]rück zu legen hatte. An dem andern [E]nde derselben traf er, auf dem hohen [B]erge Mukanka, ein grosses Kriegsheer an, [we]lches sich hier versammelt hatte, ihm [de]n Uebergang streitig zu machen, und zu [ver]hindern, daß er nicht in ihr Land rücken [kö]nnte. Diese Landschaft war dreyßig Mei[len] lang und funfzehn breit, hatte sehr rei[che] Gold = Silber = und Bleybergwercke und [auf] achtzig Städte voller Einwohner, wel[che] viele Heerden hielten. Der Ynka befahl [daß] sich seine Armee am Fusse desjenigen [B]erges lagern solte, auf welchem sich diese [B]arbaren, die nichts von der Kriegskunst [ve]rstanden, in Sicherheit zu seyn glaubten, [un]d nicht bedachten, daß man diesen Berg [au]f allen Seiten einschliessen konnte. Der

L 3   Ynka

Ynka bediente sich auch in der That dies Mittels, um ihnen alle Zufuhre abzuschn den, nachdem er sie vorher zur Ueberga hatte auffodern lassen.

Einen Monat hielten sie dennoch stan haft aus, bis sie endlich, vom Hunger g zwungen, Einige an den Ynka abschickt und ihm sagen liessen; Sie wären bereit, i für ihren König zu erkennen, und als ein Sohn der Sonne anzubeten; wenn er ihne als ein solcher verspräche, sobald sie sich w den ergeben haben, den Theil der Landsch Umasuyu, welcher an ihr Land gränzte, u ihm noch nicht gehorchte, zu erobern. De diese ihre Nachbarn, welches sehr streitba Leute wären, behandelten sie so grausam, b sie nicht allein ihre Heerden hinweg triebe sondern auch sie selbst oft bis an die Thür ihrer Wohnungen verfolgten. Sie hätt oft wegen ihres Raubens und Morde Krieg mit ihnen geführt, sie aber nie zu ner beständigen Ruhe vermögen können. E bäten den Ynka also auf das demüthigs sie von diesen bösen Nachbarn zu befreye un

Zweytes Buch.

unter dieser Bedingung wolten sie sich für eine Unterthanen erkennen.

Der Ynka ließ ihnen hierauf seinen Willen, durch Einen seiner Hauptleute zu wissen thun. Dieser mußte ihnen in seinem Namen sagen: Der Ynka sey nur in der Absicht dahin gekommen, den Unterdrückten beyzustehen; die unschlachtigen Völker im wahren Gesezze zu unterrichten; sie zu lehren, wie Menschen und nicht wie Thiere zu leben, und den wahren Gott, nemlich die Sonne, zu erkennen. Da es ihm, als Ynka übrigens obliege, alle Gewaltthätigkeiten und alles Unrecht zu verhindern, und die Einwohner der Erde zur Vernunft zu bringen, so hätten sie nicht nöthig sich um Dinge zu bekümmern, wozu er, vermöge seiner Würde, ohnedem verbunden wäre: Er nähme zwar das Erbieten, daß sie seine Unterthanen seyn wolten, nicht aber die Bedingung, die sie ihm vorschreiben wolten, an. Denn es käme ihnen nicht zu, ihm Gesezze geben, sondern sie von ihm, als dem Sohne der Sonne, anzunehmen, und alle

L 4 ihre

Zwistigkeiten, Streitsachen und Kriege seiner Entscheidung zu überlassen.

Die Abgeordneten wurden mit dieser Antwort zurück geschickt und am folgenden Tage kamen Männer, Weiber und Kinder mehr als dreyßigtausend Personen, welche ihre Sicherheit auf diesem Berge gesucht hatten, zum Ynka um sich ihm, als seine Unterthanen zu unterwerfen. Bey dieser Feyerlichkeit theilten sich diese Leute in Haufen nach ihren Staaten ein, fielen, ihrer Gewohnheit nach, vor dem Ynka auf die Knie, erkannten ihn für ihren König und brachten ihm Geschenke an Gold, Silber, Bley und allen, was sie nur kostbares hatten. Der Ynka nahm sie sehr gnädig auf, befahl, ihnen zu essen zu geben, weil sie ganz verhungert waren, ließ sie mit Vorrath versorgen, und befahl ihnen hierauf, wieder in ihre Städte zu gehen.

Sech=

Sechzehntes Kapitel.
Der Ynka vollendet die Eroberung von Umasuyu, verzeihet den Curakas und bestimmt die Gränzen dieser Völker.

Nachdem der Ynka seine neuen Unterthanen auf diese Art in ihre Wohnungen hatte zurück gehen lassen, begab er sich in eine von den Städten dieser Landschaft, Namens Huaquirza. Ehe er aber da anlangete, ließ er den Curakas von Umasuyu zu wissen thun, daß sie vor ihm erscheinen sollen, weil er, als Sohn der Sonne, ihre Streitigkeiten, die sie mit den Einwohnern des Landes Aymara, wegen der Weide hätten, beylegen wolle. Er erwarte sie also zu Huaquirza, wo er ihnen, über dieses Gesetze und Verordnungen geben wolle; damit sie inskünftige als vernünftige Menschen lebten und sich nicht wegen der Weide ihrer Heerden todtschlügen; da er wohl wüßte, daß beyde Völker in ihren Ländern überflüßige Weide für ihr Vieh hätten. Als sich die Curakas von Umasuyu versammelt hatten um eine gemeinschaftliche Antwort zu geben weil auch der königliche Befehl an sie insgesammt ergangen war, so sagten sie ganz entschlossen: "Sie wären nicht verbunden, an den Ort, wo der Ynka sich befände, zu kommen; Hätte er Etwas mit ihnen zu sprechen, so möchte er zu ihnen in ihr Land kommen, wo sie ihn mit gewaffneter Hand erwarten wolten: Uebrigens wüßten sie nicht ob er ein Sohn der Sonne sey, oder nicht bekümmerten sich auch nicht darum: Sie wolten auch die Sonne nicht zu ihrem Gotte haben, weil sie schon ihre Schuzgötter hätten: Seine Gesezze möchte er denen geben, welche Lust hätten, sie zu beobachten; was sie anbeträfe, so erkenneten sie kein anderes Gesez, als sich das, was sie nöthig hätten, mit den Waffen zu erwerben. Mit ihren Waffen wolten sie auch ihr Land, wider die Gewalt derer, die sie zu belästigen, kommen würden, vertheidigen; wie sie dem Ynka zu zeigen hoffeten."

Nachdem der Ynka Capak Yupanqui diese Antwort der Curakas von Umasuyu, mit

mit seinen Unterfeldherren wohl überlegt hatte; so fiel der Schluß dahinaus. Man müsse ihre Städte so geschwind, als möglich, mit Krieg überziehen, damit man ihnen unvermuthet über den Hals käme; alsdann würde es leicht seyn, sie durch das Schrecken der Waffen für ihre Verwegenheit zu strafen. Denn man war keineswegs Willens, ihnen in der That Schaden zuzufügen. Der Ynka Capak Yupanqui ging also, mit achttausend Mann seiner geübtesten Truppen, nach der Landschaft Umasuyu und sezte seinen Marsch Tag und Nacht fort. Die Einwohner, welche ihn, wegen dem grossen Zuge seiner Armee und den Hindernissen, welche sie sich einbildeten, innerhalb eines Monates noch nicht erwartet hatten, erstaunten, als sie ihn, mit einer so auserlesenen Mannschaft, so plözlich mitten in ihrem Lande sahen. Die trozzige Antwort, welche sie ihm gegeben hatten, gereuete sie nun; denn sie sahen wohl, daß der Ynka izt ihre Häuser verbrennen und sich ihrer Heerden, die ihr Reichthum waren, bemächtigen

tigen könnte, ohne daß sie im Stande seyn würden, sich ihm zu widersezzen. Das sicherste Mittel, welches die Curakas erdenken konnten, diesem Unglücke zu entgehen, war, die Waffen niederzulegen, und den Ynka um Gnade anzuflehen. Dieses thaten sie für das Erste, durch Abgeschickte; hierauf begaben sie sich selbst zu ihm, baten um Verzeihung und versprachen, ihn als den Sohn der Sonne zu verehren und als getreue Unterthanen zu dienen.

Der Ynka bezeigte sich sehr gnädig gegen sie und verziehe ihnen großmüthig. Er ließ ihnen sagen: "Er wundere sich nicht, da sie von niemanden Unterricht bekommen, daß sie sowohl in der wahren Religion, als auch in den gemeinsten Pflichten der menschlichen Gesellschaft unwissend wären. Allein er sey gewiß versichert; wenn sie einmal die Annehmlichkeit der Ordnung und guten Regierung würden geschmeckt haben, so würden sie es für ein Glück halten seine Unterthanen zu seyn; und wenn sie würden seyn unterrichtet worden, was für grosse Wohlthaten

ten alle Welt von der Sonne empfinge; so würden sie sie mit Freuden anbeten, und gern ihre falschen Götter verlassen, welche sie in der Gestalt solcher Thiere anbeteten, die mehr des Abscheues als der Verehrung würdig wären."

Die Curakas antworteten sehr demüthig; "Daß sie ihm versprächen, niemals einen andern Gott, als seinen Vater, die Sonne, anzubeten, und keine andere Gesezze zu beobachten, als die, welche Er ihnen vorschreiben würde; weil sie aus dem, was sie davon gehört, überzeugt wären, daß sie insgesammt das Beste seiner Unterthanen zum Endzwecke hätten." Der Ynka begab sich hierauf nach Chirirqui, einer ihrer vornehmsten Städte; er untersuchte die Viehweiden und Gränzen dieser Völker, worüber so oft Streitigkeiten entstanden waren, genau; und nachdem er beyde Theile gehört, und ihre Sache reiflich überlegt hatte: sezte er ihnen Gränzsteine, wo er es am dienlichsten hielt; damit kein Volk in das Gebiete des Andern Eingrif thäte. Seit dieser Zeit hat man

diese

diese Gränzzeichen beständig in grossen Ehren gehalten, weil es die Ersten sind, welche auf ausdrücklichen Befehl eines Ynka in Peru sind gesezt worden.

Die Curakas beyder Landschaften kamen und statteten dem Könige auf das demüthigste Dank dafür ab, daß er, zu ihrer allgemeinen Zufriedenheit, eine so gerechte Theilung gemacht hätte. Der König wendet noch einige Zeit darauf, diese beyden Landschaften zu durchreisen, und ihnen Geseze zu geben: endlich aber beschloß er, nach Cusko zurück zu kehren, und seine Eroberungen, für dieses Mal nicht weiter fortzusezzen, ob er es gleich gekonnt hätte. Er nahm also, mit seinem Heere, den Weg nach der Hauptstadt seines Reichs, wo er einen triumphähnlichen Einzug hielt. Denn die vornehmsten Curakas und die angesehensten Einwohner der drey eroberten Landschaften, begleiteten den König bis in seine Hauptstadt, und trugen ihn in einem goldenen Armstuhle auf ihren Schultern, zum Zeichen, daß sie sich seiner Herrschaft unterworfen

vorfen hätten. Bey diesem Einzuge gingen
seine Hauptleute zu den beyden Seiten seines
Stuhls, seine Soldaten aber gingen vor
ihm her, wie er es befohlen hatte. Sie waren in gewisse Regimenter abgetheilt, und
die aus jeder Landschaft folgten so auf einander, wie ihr Land von dem Ynka war
erobert worden. Daß also die, welche sich
zuerst unterworfen hatten, die Nächsten bey
der Person des Ynka, die seine Herrschaft
aber zulezt erkannt, auch die Entferntsten
waren. Dieses versezte die Stadt Cusko
in auserordentliche Freude, deren Einwohner
ihrem Könige, nach ihrer Gewohnheit, sin-
gend und tanzend entgegen kamen.

Siebenzehntes Kapitel.
Der Ynka schicket ein Heer aus, die Quechuas zu bezwingen, welche sich freywillig ergeben.

Der Ynka verwendete vier ganze Jahre
auf die Bevestigung einer guten Landesregierung; endlich aber glaubte er, es
sey wieder Zeit, seine Kriegsleute zu beschäftigen.

tigen. Er gab alſo Befehl, alle nöthig
Vorräthe anzuſchaffen, und alle Zurüſtung
zu einem Feldzuge im folgenden Jahre i
Bereitſchaft zu halten. Als dieſe Zeit g
kommen war, erwählte er zum oberſten A
führer ſeines Heeres einen ſeiner Brüder
Namens Auqui Titu, und zu Unterfeldhe
ren vier Ynkas, die ſeine näheſten Anvei
wandten und ſowohl in Krieges- als Staat
angelegenheiten ſehr erfahren waren. E
gab ihnen eine Armee von fünftauſend Man
und befahl ihnen für das Erſte, ſeine Er
oberungen welche er in der Gegend Cunti
ſuyu gemacht hatte, weiter fortzuſezzen. Um
dieſer Unternehmung einen glücklichen An
fang zu geben, begleitete er ſie bis an die
Brücke bey Huakachaka; wo er wieder um
kehrte, nachdem er ſie vorher noch einmal
durch Vorſtellung der Beyſpiele ihrer Vor
fahren aufgemuntert hatte.

Sobald er nach Cusko zurück gegangen
war, rückte der General, oder wie ihn die
Peruaner nennen Ynka Apa mit ſeinem
Heere weiter, in die Landſchaft Cotapampa.

Der

der Herr derselben kam ihnen alsbald entgegen; Einer seiner Anverwandten, welchem ne andere Landschaft, Cotanera, gehörte, gleitete ihn; Beyde gehörten zu dem Volk Quechua. Sobald diese beyden Curas, welche schon lange geneigt gewesen waren, sich dem Ynka zu unterwerfen, die achricht bekamen, daß sich ihren Gränzen ines von seinen Heeren nahete, kamen sie sammen und gingen ihm, unter Begleitng einer grossen Anzahl von ihren Unteranen, welche sungen und tanzten, entgen. Sie bezeigten eine grosse Freude und ergnügen, als sie ihn sahen und redeten n also an: "Sey uns willkommen, Ynka pa! der Du zu uns kömmst uns ein neues en und eine neue Würde zu geben, in m Du uns zu Dienern und Unterthanen s Sohnes der Sonne machst. Wir beten ich, als seinen Bruder, an und versichern ich, wenn Du nicht so bald gekommen wät, uns unter seine Herrschaft zu nehmen, wären wir, unserem Entschlusse zufolge, s nächste Jahr nach Cusko gekommen,

I. Theil. M und

und hätten ihn gebeten, uns in die Zah[l] seiner Unterthanen aufzunehmen. Denn wi[r] haben die grossen Dinge gehört, welche di[e] Kinder der Sonne gethan, und täglich e[r]zählet man uns von den schönen Thaten welche der Ynka in Krieg und Frieden ve[r]richtet. Auserdem wünschen wir auch ih[m] anzugehören, damit er uns vor der Grau[s]samkeit des Volkes Chanka Hankohual[l]a und ihrer Nachbarn beschüzze. Diese habe[n] uns nicht nur einen grossen Strich unser[s] Landes, seit langer Zeit hinweg genomme[n] sondern sie unterdrücken uns auch noch a[l]lenthalben. Die Sonne, dein Vater erhal[te] Dich, weil Du nun unsere Wünsche erfül[lt] hast." Nachdem sie diese Rede an den Ynk[a] Apa, oder General, gehalten, und ihm ei[n] Kompliment nach ihrer Landesart gemacht ha[t]ten; so überlieferten sie ihm eine Menge Gol[d] daß er es ihrem neuen Könige überschicke[n] möchte. Ich kann hier nicht unterlassen z[u] bemerken, daß das Gouvernement Gotonera nach der Besiegung des Gonzalo Pizarr[o] nebst der Landschaft Huamampallpa, me[i]
ne[m]

m Vater, dem Gartillasso de la Vega geben ward.

Der General Auqui Titu antwortete nen, mit Beystimmung seiner Unterfeldrren; Er würde nicht ermangeln, sowohl :e vorigen guten Absichten, die sie gehegt, s auch ihre gegenwärtigen Diensterbietunn, dem Ynka getreu zu berichten; damit ien dieser nach seiner Gewohnheit seine :kenntlichkeit dafür bezeigen könne. Die irakas gaben hierüber ihre Freude zu ernen und thaten alles, was ihnen der Yn= Apa und seine Feldherren befahlen, mit m größten Vergnügen.

Nachdem der Ynka Apa, nebst seinem riegesrathe, in diesen beyden Landschaften : Regierung wohl bestellt, ging er in die ndschaft Huamampallpa, welche er auch kurzer Zeit, ohne den mindesten Wider= ind eroberte. Sie gingen hierauf über die en Flüsse, aus welchem sich der grosse :trom Amanzay bildet, und unterwarfen h die Länder, welche an dessen beyden Ufern gen. Sie sind reich an Gold und Vieh=

M 2 heerden

heerden und werden von Stämmen des Volkes Quechua bewohnt.

Achtzehntes Kapitel.

Die Feldherren des Ynka erobern ein grosses Stück Landes, welches am Meere liegt, und bestrafen die Laster der Einwohner.

Als die Feldherren des Ynka auch hier die besten Anstalten zu der Regierung des Landes getroffen, gingen sie durch die Wüste Huallaripa, welche ein mehr als dreyßig Meilen breites Gebürge ist, in welchem man eine grosse Menge Gold findet. Als sie dieses überstiegen, kamen sie in niedriges Land, welches längst der Seeküste hin liegt. Die Peruaner nennen es Yunka, das ist, das warme Land, und begreifen unter diesem Namen verschiedene Thäler, welche nach dem Meerufer zu gehen. Diese Gegend allein ist an dieser Küste bewohnt; weil ein jedes dieser Thäler ein Fluß, der auf dem Gebürge entspringt, bewässert, und sich endlich in das Meer stürzet. Denn alle Gegenden, die

kein

Zweytes Buch.

in Fluß durchströmt, sind unfruchtbare,
ndigte Wüsten, wo weder Graß noch sonst
twas wächst, das zur Erhaltung des Le-
ns dienen kann.

In dem Striche Landes, wo sich der
nka Apa mit seinem Heere damals auf-
lt, ist das berühmte Thal Hakkari; es
sehr breit, sehr fruchtbar und stark be-
hnt; die Ynkas brachten die Einwohner
ne grosse Mühe zum Gehorsam. Aus dem
ale Hakkari gingen sie weiter in die Thä-
Uvinna, Camana, Caravilli, Pikta,
uellka und andere, die man längst dieser
üste findet, welche ohngefehr sechzig Mei-
lang ist. Alle diese Thäler, die ich hier
nennt habe, erstrecken sich, von dem Ge-
rge bis ans Meer auf zwanzig Meilen;
ein sie haben nicht alle gleiche Breite.
an muß merken, daß die Peruaner hier
Flüsse beynahe von ihren Quellen an,
n ihrem Laufe, der sie gerade zu nach
m Meere führen würde, ablenken, um
auf ihre Aecker und Pflanzungen zu lei-
t und sie damit zu wässern. Nachdem der

Feldherr Auqui Titu alle diese Thäler seinem Bruder, dem Ynka unterwürfig gemacht, ohne daß er war genöthiget worden, Blut zu vergiessen, so gab er ihm von allem, was sich zugetragen hatte, Nachricht. Er machte ihm zugleich bekannt, er habe sich nach der Lebensart und dem Gözzendienste der Einwohner auf das genaueste erkundigt und gefunden, daß sie vornemlich die Fische anbeteten; in einigen Gegenden aber habe er auch Leute angetroffen, welche insgeheim dem unnatürlichen Laster ergeben wären. Er sezte endlich hinzu; daß auf dieser Seite kein Land mehr zu erobern sey; denn diese Küste stosse gegen Süden, an die, ihm schon unterwürfigen, Landschaften.

Der Ynka bezeigte viel Zufriedenheit über diese Eroberung; besonders weil sie kein Blut gekostet hatte. Er befahl seinem Bruder und den, ihm zugegebenen Unterfeldherren, wenn sie die Regierung der eroberten Landschaften gehörig würden eingerichtet haben, nach Cusko zurück zu kehren. Zugleich empfahl er ihnen, die, welche man

des

Zweytes Buch.

Lasters wider die Natur überzeugen könn=
zum Feuer zu verdammen, öffentlich
Strafe an ihnen auszuüben, und sogar
Häuser zu verbrennen. Sie solten fer=
dieses Laster auf das schärfste verbieten
öffentlich bekannt machen lassen, daß
tig nicht nur der Verbrecher, sondern
ganze Stadt, die Strafe seines Verge=
büssen, und dem Erdboden gleich ge=
ht werden solle.

Nachdem der Feldherr und seine Unter=
nen die Befehle des Ynka auf das ge=
ste vollzogen, kehrten sie nach Cusko zu=
, wo sie im Triumph empfangen, und
Wohlthaten und besondern Gnadenbe=
ungen überhäuft wurden.

Einige Jahre darnach entschloß sich der
a Capak Yupanqui neue Eroberungen
nachen, und die Gränzen seines Reichs
der Seite von Collasuyu zu erweitern.
n im vorhergehenden Feldzuge hatten
seine Völker nicht aus dem Bezirk von
tisuyu entfernt. Er zog zu diesem En=
wanzigtausend Mann seiner besten Krie=
ges=

gesleute zusammen und beschloß selbst mit ihnen zu Felde zu gehen. Während der Zeit, daß die Anstalten zum Kriege gemacht wurden, brachte er die andern Staatsangelegenheiten in Ordnung: Er übergab seinem Bruder Auqui Titu, in seiner Abwesenheit die Verwaltung des Reichs und sezte ihm die vier Unterfeldherren, welche den vorigen Feldzug gethan hatten, als Staatsräthe, an die Seite. Er erwählte sich hierauf die Hauptleute, welche er mit sich nehmen wolte; er nahm aber keinen dazu, welcher nicht aus dem Geschlechte der Ynka war. Die Kriegsleute, welche aus den verschiedenen Provinzen kamen, hatten zwar Anführer von ihrem Volke; sobald sie sich aber mit der Armee des Ynka vereinigten, gab man einem jeden fremden Anführer einen Ynka zu, der sein Oberer war, welchem er gehorchen mußte. Die Armee war also gänzlich unter den Befehlen der Ynkas, ohne daß man den Anführern der verschiedenen Völker ihre Stellen nahm, weil dieses sie hätte beleidigen und mißvergnügt machen können;
welches

Zweytes Buch.

elches die Ynkas auf alle Weise zu vermeiden suchten: So waren die Vorbereitungen beschaffen, welche der Ynka zu seinem Feldzuge machte; in welchem er seinen Erbprinz mit sich zu nehmen beschloß, um ihn bey Zeiten zur Kriegszucht zu gewöhnen.

Neunzehntes Kapitel.
Zween mächtige Curakas nehmen den Ynka zum Schiedesrichter ihrer Streitigkeiten an und unterwerfen sich ihm.

So bald es Zeit war zu Felde zu gehen, rückte der Ynka Capak Yupanqui von Kusko aus, und ging gerade nach dem See Paria, wo sein Vater seinen Eroberungen in Ziel gesezt hatte. Unterweges vermehrte sich sein Heer, durch die Sorgfalt seiner Hauptleute beständig, welche nach und nach die Kriegesleute an sich zogen, die in den verschiedenen Landschaften Befehl bekommen hatten, sich in Bereitschaft zu halten. Um sich aber die Völker dieser Gegenden hinwieder verbindlich zu machen; besuchte er alle

M 5 Städ=

Städte, welche sich zu beyden Seiten dieses Weges befanden. Dieses hielten die Einwohner für eine so grosse Gunstbezeugung; daß sie noch heut zu Tage gewisse Oerter in besondern Ehren halten, wo sie glauben, daß sich die Ynkas auf ihren Reisen aufgehalten haben; entweder gewisse Befehle in den Städten zu geben, oder Gnadenbezeugungen auszutheilen, oder auch sich ihren Unterthanen zu zeigen.

So bald der Ynka in der Gegend des Sees Paria angekommen war, suchte er die, an sein Reich gränzenden, Städte unter seine Gewalt zu bringen. Dieses gelang ihm ohne Schwierigkeit; bey Einigen, weil sie schon lange von den grossen Thaten der Ynkas gehört und sie bewundert hatten; bey Andern, weil sie zu schwach waren, sich ihm zu widersezzen. Während dem glücklichen Lauf dieser Eroberungen, kamen Botschafter von zween mächtigen Curakas zu ihm, welche in dem Bezirke Collasuyu einen grausamen Krieg mit einander führten. Um diesen Theil der Geschichte desto besser zu verste=

erstehen, muß man wissen, daß diese zween mächtigen Curakas von zween berühmten Anführern abstammten, welche sich in den vorigen Zeiten erhoben, viele Städte erobert, und ihre Einwohner zinsbar gemacht hatten. Als sie aber endlich durch die Vergrösserung an einander stiessen, so entstand zwischen ihnen selbst ein Krieg, welcher so lange dauerte, als sie lebten, und worinne bald der Eine, bald der Andere die Oberhand hatte, beyde aber die tapfersten Thaten verrichteten. Nach ihrem Tode hinterliessen sie diesen Streit ihren Nachkommen. Diese sezten ihn eben so hartnäckig fort, als ihre Stammväter, und dieses dauerte bis auf die Zeit des Ynka Capak Yupanqui.

Endlich überlegten sie, daß die beständigen Kriege, welche sie mit einander führten, sie oft bis auf das äuserste herunter gebracht hatten; und befürchteten, sie möchten einander zulezt gänzlich zu Grunde richten; sie kamen also, auf Anrathen der Verständigsten ihrer Völkerschaften, mit einander überein,

ein, dem Ynka Capak Yupanqui den Ausspruch über ihren Streit zu überlassen, und sich seinem Urtheile, es möchte ausfallen wie es wolte, zu unterwerfen, um endlich ihrem Hasse ein Ziel zu sezzen. Die bekannte Redlichkeit der Ynkas, und die Wunder, welche die Sonne zu ihrem Besten solte gethan haben, trug vielleicht ein Grosses zu diesem Entschlusse bey. Den Einen dieser Herren nennte man Cari und den Andern Chipana; Beydes Namen, die sie von ihren ersten Anherren geerbet hatten. Als sie demnach erfuhren, daß der Ynka anrücke, um ihre Länder zu erobern; so schickten sie Botschafter an ihn, welche ihm Nachricht von ihren Streitigkeiten geben, und ihn ersuchen solten; daß er ihnen erlauben möchte, vor ihn zu kommen und ihm ihre Ehrerbietung zu erzeigen; da sie ihm dann die Ursache ihrer Mißhelligkeiten ausführlicher erklären, und ihn bitten wolten, sie mit einander auszusöhnen. Wobey sie ihn versichern liessen, daß sie sich gänzlich seinem Ausspruche unterwerfen wolten.

Der

Zweytes Buch.

Der Ynka antwortete diesen Botschaf=
; daß die Curakas kommen könnten,
 es ihnen gefiele; er hoffte, sie auszu=
en, weil die Gesezze und Vorschriften,
r ihnen geben würde, gänzlich auf die
hle der Sonne würden gegründet seyn;
 diese wolle er deswegen um Rath fra=
 damit das, was er verordnen würde,
 mehr Kraft und Nachdruck hätte. Als
or den Ynka gekommen waren, schwie=
 sie anfangs Beyde stille, endlich fing
, dessen Land dem Reiche des Ynka am
ten lag, im Namen beyder, an zu reden:
gestand, der Neid, mit welchem Einer
Andern Siege ansehe, und die unmäßige
ierde, womit Jeder nach des Andern
ern trachtete, die wahren Ursachen ihrer
eitigkeiten wären. Er bat also den Yn=
n den unterthänigsten Ausdrücken, hier=
, was ihm gutdünke, zu befehlen;
 sie wären beyde die langen Kriege über=
ig, welche sie mit einander führten. Der
a empfing sie mit seiner gewöhnlichen
e; verlangte, daß sie beyde einige Tage

an

seinem Hofe bleiben solten und gesellte jeden
Einen der ältesten Ynka zu, um sie in der
wichtigsten Gesezzen, welche die Natur der
Menschen lehret, zu unterrichten. Diese
waren eben die Gesezze, deren sich die Ynka
bey der Regierung ihres Königreichs bedien
ten, um ihre Unterthanen bey gerechten un
friedlichen Gesinnungen zu erhalten, daß si
einander weder an ihren Gütern noch a
ihrer Ehre kränkten. Weil die Streitigkei
der beyden Curakas über die Gränzen ihre
Länder und Herrschaft entstanden war; f
schickte der König zween, mit ihm verwand
te Ynkas in die Länder der Curakas ab
um die Sache, an Ort und Stelle selbst au
das genaueste zu untersuchen. Als diese
geschehen, und die Abgeordneten ihm eine
umständlichen Bericht abgestattet hatten; f
überlegte er die Sache mit seinen Räthen
ließ die Curakas vor sich fodern und tha
folgenden Ausspruch: "Sein Vater, di
Sonne, befehle ihnen, in Friede mit einan
der zu leben, die Gesezze, in welchen si
von den Ynkas wären unterrichtet worden,

beobachten, und für die Erhaltung und [W]ohlfahrt ihrer Unterthanen zu sorgen. [Di]eses leztere würde ihnen, so lange sie in [Fei]ndschaft lebten, nie möglich seyn. Auch [kön]nte es leicht geschehen, indem sie sich [dur]ch beständige Kriege schwächten, daß [sich] andere Curakas dieses zu Nuzze mach[ten], und sich ihrer Länder bemächtigen. [Hi]erdurch würde das rühmliche Andenken [ih]rer tapfern Vorfahren vernichtet werden, [des]sen Erhaltung doch der einzige Endzweck [ih]rer Bemühungen zu seyn schien." Nach[de]m er dieses zu ihnen gesagt, so bezeichnete [er] ihnen die Orte, wo sie die Gränzsteine [ih]rer Länder hinsezzen solten und fügte noch [hin]zu: "Da sie ihn zum Schiedesrichter ih[rer] Streitigkeiten erwählt; so würde er den[jen]igen hart strafen, welcher den Befehlen [der] Sonne zuwider leben würde."

Die Curakas antworteten: "Sie würden [de]m göttlichen Sohne der Sonne einen voll[ko]mmenen Gehorsam leisten und Ihm zu [zei]gen, wie sehr sie Ihm zu gefallen [wü]nschten; sich künftig als wahre Freunde gegen

gegen einander betragen. Diese beyden Curakas lebten in der That nach diesem sehr ruhig, und hielten die Gesezze, welche ihnen der Ynka gegeben hatte. Jeder bestrebte sich, ihm in der Regierung seines Landes, seinem Betragen an seinem Hofe, seiner bewundernswürdigen Gnade gegen seine Feinde und seiner Gerechtigkeit gegen seine Unterthanen, die er gegen alle gleich beobachtete, und keinem das geringste Unrecht widerfahren ließ, nachzuahmen. Endlich wirkte das Andenken der Billigkeit, womit der Ynka ihren Streit entschieden und der Ehre, die er ihnen angethan, nebst dem grossen Ruhme dieses Monarchen, welcher täglich zunahm, verbunden mit der Betrachtung, daß sie seinen Waffen, die seine Herrschaft immer weiter ausbreiten, doch nicht würden widerstehen können, so viel, daß sie sich freywillig dem Ynka unterwarfen, und ihm zinsbar wurden. Sie begaben sich also noch einmal zum Ynka und sagten zu ihm; Sie bäten Ihn auf das demüthigste, sie unter die Anzahl seiner Vasallen aufzunehmen und solche von
seinen

nen Dienern in ihre Länder zu schicken, ...lche vermögend wären, seine neuen Unter‌anen zu unterrichten, und ihnen zu sagen, ...s sie, zu seinem Dienste, zu thun schul‌g wären.

Der Ynka antwortete: Er nähme ihr ...erbieten an und versicherte sie, daß er ...en, bey vorfallenden Gelegenheiten Zei‌...n seiner besondern Gnade geben würde. ...erauf ließ er den Curakas Kleider von ...nen eigenen, ihren Verwandten aber, ge‌...gere, geben: Auserdiesen erwieß er ihnen ...ch noch viele andere Gunstbezeugungen, ...lche die Curakas sehr zufrieden machten.

Er fügte seinem Reiche, auf diesem Zu‌..., viele Städte und Landschaften bey, un‌... denen die vornehmsten Poko=Ata, Mu‌...=Muru, Makcha und Carakara waren; ... auch das ganze Land gegen Morgen bis ... das Schneegebürge Antis und dann die ...sse Wüste, welche bis an die Landschaft ...apakri stößt und dreyßig Meilen breit ist. ...iese Gegend ist zwar sehr kalt, aber we‌... ihrer starken Viehzucht dennoch sehr be‌

I. Theil.   N   trächt‌

trächtlich. Es giebt auch warme Quelle[n]
in dieser Gegend, deren Wasser so heiß is[t]
daß man die Hand keine Minute lang da[r]
inne halten kann. Der Schwefeldampf[,]
welcher beständig daraus aufsteigt, mach[t]
daß man diese Quellen von weitem bemerk[t.]
Zwischen diesen warmen Quellen entspringe[n]
auch einige ganz kalte; aus beyden zusam[-]
men entstehet der Fluß Cochapampa.

Wenn man diese Wüste, wo sich d[ie]
warmen Quellen befinden zurück gelegt ha[t,]
gelanget man an einen langen Abhang, [wo]
man sieben Meilen weit hinabzusteigen ha[t,]
ehe man die Landschaft Tapakri erreich[t.]
Dieses Land ist auserordentlich fruchtbar u[nd]
voller Vieh; es ist mehr als zwanzig M[ei-]
len lang und zwölfe breit. Acht Meilen weit
ist die berühmte Landschaft Cotapampa, w[el-]
ches ein Thal ist, das vier und dreyßig Meil[en]
in die Länge, und einen schönen Fluß hat.

Nach diesen Eroberungen schickte [der]
Ynka zween von seinen Unterfeldherren u[nd]
die nothwendigen Diener in die Länder [der]
beyden Curakas, diese neuen Untertha[nen]

Zweytes Buch.

, und zu regieren. Vergnügt
chtungen dieses Jahres, kehrte
zurück, und nahm die bey=
Cary und Chipana mit sich;
hnen seine Hauptstadt zu zei=
) um ihnen Ehre anzuthun.
er, während ihres Aufenthal=
denfeste an; worauf sie, höchst
der Gnade und den Gunst=
die sie erhalten hatten, in ih=
ick kehrten. Bey ihrer Abrei=
der König, sich auf das fol=
mit ihrem Heere bereit zu hal=
sich vorgenommen habe, auf
eite seines Reichs einige Ero=
achen.

nzigstes Kapitel.
äßt über den Kanal Titika=
rücke von Binsen machen
ht die Nazion Chayan=
ta zinsbar.

Capak Yupanqui, dem es ge=
tte, daß man die Brücke bey

Huaka=

Huakachaka, über den Fluß Apurimak, [
leicht zu Stande gebracht; befahl, daß auc
Eine über den Kanal, der aus dem See T
tikaka kömmt, solte gemacht werden; we
er willens war, die Landschaften in dem B
zirk Collasuyu, ohne Anstand, vollends g
erobern. Dieses konnte ihm nicht schw
fallen, weil es ein ebenes Land ist, wo ma
sich mit einem Kriegesheere sehr gut au
breiten kann.

Die Brücke bey Huakachaka ist, wie a
le andere Brücken in Peru von geflochtene
Weydenhürden gemacht, diese Einzige, üb
den Kanal von Titikaka ausgenommer
Denn diese bestehet aus Binsen, Halme
und ähnlichen Dingen. Sie hänget auc
nicht in der Luft, wie die von Weydenhür
den, sondern sie schwimmt auf dem Wasser
wie eine Schiffbrücke.

In ganz Peru wächst eine Art von Haln
oder sehr weichen und biegsamen Stroh
welches die Eingebohrnen Ychu nennen un
ihre Häuser damit decken. Aber das Stroh
aus der Landschaft Collaa wird besonder
geschäzt

Zweytes Buch.

chäzt; es ist auch ein sehr gutes Futter
das Vieh. Die Collas machen aus die-
ı Stroh oder Halmen, grosse und kleine
rbe, Seile, Stricke und Patakas, wel-
s kleine Koffre sind. Auser diesen Halmen
chst auch in dem grossen Sumpfe Titika-
eine grosse Menge Binsen und Schilf,
lches die Anwohnenden zu einer gewissen
t abschneiden, um es zu trocknen.

Wenn sie eine Brücke von dieser Art
fertigen wollen, so machen sie erstlich vier
ue, oder Seile die so stark sind, als ein
ckbein. Zwey davon werfen sie in den
ß, von einem Ufer zu dem Andern, des-
Wasser auf der Oberfläche stille zu ste-
ı scheint, ob es gleich in der Tiefe einen
ken Abzug hat. Anstatt der Brückenschif-
legen sie auf diese Taue grosse Bündel
ı Stroh oder Binsen, so dicke als eine
ıh und bevestigen sie daran, so gut sie
ınen. Auf diese Bündel legen sie hernach
zwey andern Taue und bevestigen sie
derum, damit Eins das Andere halte.
ıf diese legen sie nach der Reihe wieder

N 3   eine

eine Menge anderer Bündel aus Halme
oder Binsen, die auch an die Taue angebu
den werden. Eine solche Brücke ist gewöh
lich drenzehn bis vierzehn Schuhe breit u
wohl 150 Schritte lang. Man siehet hie
aus, daß eine ungeheuere Menge von Bi
sen und Halmen dazu gehören, wenn m
eine so grosse Maschine zu Stande bring
will. Da auch diese Materialien sehr v
gänglich sind, so muß alle sechs Monate
ne neue verfertigt werden.

Zu der Zeit der Ynkas war die 2
schwerde, diese Brücke zu unterhalten, n
ben allen öffentlichen Werken, unter die c
gränzenden Landschaften vertheilt. Eine je
wußte, wie viel Materialien sie herben sch
fen müsse; sie hielten sie also in Bereitsch
und die Brücke ward in kurzer Zeit fert
Die beyden Enden der Taue wurden c
beyden Ufern in der Erde bevestigt und n
ren anstatt der Pfeiler oder Bogen.

Sobald der Ynka die Nachricht erhie
daß die Brücke fertig sey; verließ er mit
nem Erbprinzen Cusko und ging bis Tapa

Zweytes Buch.

und Cochapampa. Er fand hier die beyden Curakas Cari und Chepana mit ihren Truppen zu seinem Dienste bereit. Sie gingen mit einander von Cochapampa ab, und thaten einen Marsch von dreyßig Meilen durch ein verlassenes und wüstes Land, wo nicht ein Fuß breit gebauet war. Man findet in dieser Einöde, die ganz voller Felsen und Klippen ist, eine Art von Disteln, die überhaupt in Peru gemein ist. Die Stacheln dieser Distel sind eines Fingers lang, daher sich die Peruaner derselben anstatt der Nehnadeln bedienen. Nachdem sie die Wüste zurück gelegt, kamen sie in die Landschaft Chayanta, welche zwanzig Meilen lang und fast eben so breit ist.

Als der Ynka die gewöhnliche Auffoderung an die Einwohner dieser Landschaft ergehen ließ, daß sie sich ihm unterwerfen sollten; so waren sie sehr verschiedener Meinung. Einige fanden; "Es sey billig und recht, den Sohn der Sonne für ihren Herrn zu erkennen, und seine Gesezze anzunehmen, weil sie nicht anders als gute seyn könnten, da sie von einem so wohlthätigen Wesen herkämen." Andere hingegen stellten vor: "Daß sie weder einen König noch neue Gesezze nöthig hätten; die Ihrigen wären gut, ihre Vorfahren hätten sich dabey wohl befunden. Was die Götter und ihren Dienst anbeträfe; so müsse man darinne keine Neuerungen anfangen. Uebrigens sey nichts schlimmers, als sich dem Willen eines Mannes unterwerfen. Dieser würde sie nicht so bald in seine Gewalt bekommen haben; so würde er ihnen solche Gesezze vorschreiben, als er selbst wolle, die keinen andern Endzweck hätten, als seinen eigenen Vortheil und die Unterdrückung und das Elend seiner Unterthanen. Alle diese Uebel müsse man suchen zu vermeiden und die Freyheit nicht eher, als mit dem Leben aufgeben."

Sie brachten einige Tage mit diesen Berathschlagungen zu, ohne daß sie sich vereinigen konnten; Jede Partie glaubte, die Andere würde zulezt nachgeben. Endlich aber, da sie die Macht des Ynka, welche schon

Zweytes Buch.

schon an ihren Gränzen stund, nebst dem
obe in Erwägung zogen, welches man al=
enthalben seinen Gesezzen und seiner Ge=
echtigkeit beylegte, mit welcher er seine Län=
er regierte; so schlugen sie einen Mittelweg
in. Sie antworteten den Abgeordneten:
'Sie würden alsdann den Ynka mit Freu=
en zu ihrem Könige und Beherrscher an=
iehmen; wenn sie erst überzeugt wären, daß
ie Gesezze, welche er ihnen geben wolte für
ie und ihr Land nüzlich und heilsam wären.
Sie bäten ihn also auf das demüthigste, ih=
ien einen Stillestand zuzugestehen, damit
ie Zeit bekämen, sich in seinen Gesezzen un=
errichten zu lassen. Sie wolten indessen gern
ugeben, daß der Ynka mit seinem Heere
n ihr Land käme; wenn er ihnen nur sein
Wort gäbe, ihr Gebiete wieder zu verlassen
und ihre Freyheit nicht zu kränken, im Fall,
ie seine Gesezze nicht annehmen könnten:
änden sie sie aber so gut, als er sagte, so
versprächen sie ihm, ihn zur Stunde, als
den Sohn der Sonne anzubeten, und für
hren König zu erkennen."

Der

Der Ynka ließ ihnen zur Antwort geben; "Ob er sie gleich durch seine Waffen zwingen könnte, sich ihm zu unterwerfen; so wolle er doch lieber ihren Vorschlag annehmen und dem Beyspiele seiner Vorfahren folgen, welche die Völker allezeit mehr durch Liebe, als mit Gewalt zum Gehorsam hätten bringen wollen: Er verspräche ihnen also, im Fall sie die Sonne nicht anbeten wolten, sie ihnen selbst zu überlassen; denn er wäre gewiß versichert, so bald sie seine Gesezze würden untersucht haben; so würden sie sie lieb gewinnen, und sich betrüben, daß sie dieses Glück nicht eher genossen hätten."

Nach diesem Versprechen rückte der Ynka in Chayanta ein, wo man ihn mit der größten Ehrerbietung, aber nicht mit eben der Freude und Zufriedenheit, wie in andern Landschaften geschehen war, aufnahm. Der Ynka gab verschiedenen seiner ältesten Räthe und erfahrensten Hauptleute, wie auch seinem Erbprinzen Befehl, dieses Volk in seinen Gesezzen zu unterrichten. Diese Weisen

sen erklärten den Einwohnern von Chayanta worinne vornemlich ihr Gottesdienst und ihre Regierungsart bestünde. Sie sezten ihnen diese Dinge weitläuftig auseinander und wiederholten diesen Unterricht, in Gegenwart des Erbprinzen zu verschiedenen Malen, bis sie alles begriffen. Nunmehr, da sie eine deutliche Vorstellung von diesen Gesezzen bekommen, und eingesehen hatten, daß sie ihnen Ehre und Vortheil bringen würden; so bekannten sie einmüthig; daß die Sonne und die Ynkas, ihre Kinder, welche den Menschen eine so angenehme Lebensart lehrten, verdienten die Herrschaft der ganzen Welt zu haben, und als Götter angebetet zu werden. Sie versprachen also, ihre Gebote auf das genaueste zu halten, und ihre alten Gözzen, ihre Gebräuche und Lebensart zu verlassen. Nachdem sie dem Erbprinzen diese Versicherung gegeben hatten; beteten sie die Sonne und seinen Vater, den Ynka Capak Yupanqui an, leisteten ihm den Eyd der Treue, und bestätigten diesen Eyd durch die, bey ihnen gewöhn-

gewöhnlichen Feyerlichkeiten, welche in Tänzen und Freudengesängen bestanden. Ueberdieses zeigten sie sich öffentlich mehr als gewöhnlich gepuzt, sangen Lieder zur Ehre der Sonne, des Ynka, der guten Gesezze und einer gerechten Regierung. Kurz sie zeigten alle Merkmale der Freude, der Liebe und des willigen Gehorsams, die man nur verlangen konnte.

Ein und zwanzigstes Kapitel.
Fünf grosse und verschiedene kleinere Landschaften unterwerfen sich dem Ynka. Gränzen des Reichs zu dieser Zeit.

Der Ynka verließ Chayanta, nachdem er eine gute Anzahl Soldaten und andere von seinen Dienern dagelassen, die er zum Unterricht dieses Volks in der Religion und zur Regierung desselben für nöthig hielt. Er ging hierauf in andere Gegenden dieses grossen Landes, welches man Charkas nennet. Man begreift unter dem Namen Charkas verschiedene Landschaften, welche mancherley Völker,

Völker, deren Sprachen auch nicht ganz mit inander übereinkommen, bewohnen. Sie gehören zu dem Theile des Reichs der Ynkas, welcher Collasuyu genennt wird. Die vornehmsten Landschaften in Charkas sind Tutara, Sipisipi, und Chaqui. Dieser leztern gegen Morgen liegt auch die Landschaft Chamuru, wo das Kraut Kuka wächst und die Landschaft Sakaka und verschiedene Andere. Alle diese ließ der Ynka auf die gewöhnliche Art auffodern. Diese Völker, welche schon gehört hatten, was in Chakanta vorgegangen war, antworteten den Abgeordneten fast auf gleiche Art: "Sie schäzten sich glücklich, die Sonne anzubeten, und den Ynka, ihren Sohn, zu ihrem Beherrscher zu haben: Sie hätten schon einige Kenntniß von seinen Gesezzen und guten Regierung; sie bäten ihn also, sie unter seinen Schuz zu nehmen: Sie böten ihm ihr Leben und ihre Güter an; allein sie ersuchten ihn zugleich, seiner Herrschaft auch die andern Völker, in ihrer Nachbarschaft, zu unterwerfen, damit sie nicht von ihnen bekriegt

kriegt und übel behandelt würden, wenn diese sähen, daß sie ihre alten Gözzen verlassen, und neue Gesezze nebst einem neuen Gottesdienst angenommen hätten."

Der Ynka ließ ihnen wieder zur Antwort geben: "Daß sie deswegen, weil sie sich ihm unterworfen, und neue Gesezze angenommen, nichts zu fürchten hätten, wie die Erfahrung sie bald überzeugen würde: Was die Bezwingung der andern Völker, ihrer Nachbarn beträfe, so sollten sie dieses nur gänzlich ihm überlassen, und versichert seyn, daß er Sorge tragen würde, sie in Frieden zu erhalten." Wider diese Antwort hatte niemand Etwas einzuwenden. Alle Völker dieser Landschaften, nahmen den Ynka willig auf. Ob sich gleich nichts weiter hier zutrug, das merkwürdig gewesen wäre; so brachte der Ynka dennoch drey Jahr in diesen Gegenden zu, um sie völlig nach seinen Absichten einzurichten. Denn die Eroberung eines Landes kostete den Ynkas bey weiten die wenigste Zeit und Mühe: die Einführung der Gesezze und die Bildung der

Zweytes Buch.

der Einwohner war das, worauf sie den mehresten Fleiß wendeten. Nachdem der Ynka eine hinlängliche Besazzung, welche seine neuen Unterthanen gegen den Anfall ihrer Nachbarn vertheidigen konnte, in diesen Ländern hinterlassen hatte, kehrte er nach Cusko zurück. Indem er seine Reise fortsezte, besuchte er die Städte und Landschaften, welche an seinem Wege lagen: seinen Sohn hatte er einen andern Weg nehmen lassen, auf welchem er eben dieses that; weil die Unterthanen der Ynkas es für eine besondere Gunst annahmen, die Könige und Prinzen bey sich zu sehen, welche sie für ihre unumschränkten Beherrscher erkennten.

Nach einer so langen Abwesenheit ward der Ynka in Cusko mit lautem Zuruf und herzlichen Freudensbezeugungen empfangen. Er hielt seinen Einzug, indem seine Hauptleute neben ihm, die Curakas der neuereoberten Länder aber vor ihm hergingen. Einige Tage darnach ward der Ynka Roka mit eben so vielen Zeichen der Zuneigung,

als

als sein Vater, von den Einwohnern zu Cusko empfangen. Sie ehrten ihn hierbey mit Tänzen und Gesängen, worinne seine Siege und schönen Thaten gerühmt wurden. Der Ynka belohnte hierauf seine Hauptleute und ließ einen Jeden wieder an seinen Ort ziehen: Er selbst blieb zu Cusko und wendete alle seine Sorge auf die gute Regierung seines Reichs und die Wohlfahrt seiner Unterthanen.

Das Reich der Ynkas erstreckte sich izt von Cusko gegen Mittag auf mehr, als hundert und acht Meilen, bis nach Turara und Chaqui; Gegen Abend, bis an das grosse Südmeer, auf achtzig Meilen; Gegen Morgen machte der Fluß Paukartampa, gerade gegen Osten, die Gränze, gegen Südost aber war seine äuserste Landschaft Collavaya, welche vierzig Meilen von Cusko ist.

Diese Länder zu beherrschen und die Glückseeligkeit ihrer Einwohner zu befördern, hielt

elt er für rühmlich gnug, um nicht auf neue roberungen zu denken. Doch trug er auch Sorge, den Tempel der Sonne und das aus der, ihrem Dienste geweiheten, Jungauen zu verschönern, welches schon der erste Ynka, Manko Capak, gegründet hatte. Er führte auch Gebäude in verschiedenen Städten, wo es ihren Wohlstand befördern konnte, auf. Er ließ grosse Kanäle ziehen, in dürre Gegenden mit Wasser zu versehen und sie fruchtbar zu machen; und ließ zur Bequemlichkeit der Reisenden Brücken über Flüsse und reissende Ströme, schlagen. Er fand sogar neue Wege, um aus Einer Landschaft in die Andere zu kommen, damit seine Unterthanen desto mehr Gemeinschaft mit einander haben könnten. Mit einem Worte; er that alles, was seiner Grösse würdig und seinen Unterthanen zuträglich war.

I. Theil.   O   Zwey

Zwey und zwanzigstes Kapitel.
Der Prinz Ynka Roka bringet verschiedene Länder zum Reiche. Einige Pflanzstädte werden angelegt. Tod des Ynka Capak Yupanqui.

Nachdem der Ynka sechs bis sieben glückliche Jahre mit solchen Beschäftigungen zugebracht, hielt er es für nöthig, seinen Kriegsleuten neue Uebung zu verschaffen. Er gab also Befehl, daß zwanzigtausend Mann unter dem Prinzen Ynka Roka, dem er viere der erfahrensten Unterfeldherren zu gab, nach Chinkasuyu, oder die nordliche Gegend marschieren solten. Auf dieser Seite hatten seine Vorfahren die Gränzen ihres Reichs, seit des Manko Capak Tode, nicht erweitert; welcher nur bis Rimaktampu, sieben Meilen von Cusko vorgerückt war. Vermuthlich hatten sie es nicht der Mühe werth gehalten ein rauhes und schlechtbevölkertes Land zu erobern.

Zweytes Buch.

Der Prinz zog also mit seinem Heere on Cusko aus, und ging über den Fluß Ipurimak. Da dieses Land sehr wenig bewohnt ist, so ging er weiter, bis Curahuazi und Amanzay. Aus dieser Landschaft ging er durch die Wüste, welche man Cochakassa nennet; sie ist hier zwey und zwanzig Meilen breit. Aus dieser kam er in die Landschaft Sura, die sehr reich an Vieh und Golde ist; sie unterwarf sich alsbald seiner Herrschaft. In Apukara, wo er nach diesem seinen Zug hinrichtete, wurde er, ohne daß sich ihm Jemand widersezte, aufgenommen. Die grosse Uneinigkeit und Feindschaft, welche in diesen Ländern herrschete, verhinderte diese Völker, dem Prinz Widerstand zu thun.

Aus der Landschaft Apukara rückte er in Kukana ein, welches Land in zwo Gegenden getheilt ist; die Eine nennt man schlechtweg Kukana, die Andere aber Hatun-Kukana, das ist Groß-Kukana. Die Einwohner, welche grosse und wohlgebildete Leute te sind, nahmen ihn mit Freuden auf. Vor hier wendete er sich gegen das Meer und kam in das Erste Thal dieses Landstriches, welches den Namen Nanaska, oder das Trauerthal führet: man weiß die Ursache dieser Benennung nicht. Auch hier nahmen die Einwohner den Ynka willig auf, und wurden ihm vollkommen unterthänig. Diesen ahmten alle andern Thäler von Nanaska bis Arequippa nach. Diese Küste ist auf achtzig Meilen lang und die Thäler, durch welche sie zerschnitten ist, erstrecken sich vierzehn bis funfzehn Meilen in das Land. Die vorzüglichsten Thäler sind Hackari und Camata, in welchen zu der Zeit wenigstens 20000 Menschen wohnten. Die kleinern Thäler, Altiku, Veuna, Ariquippa und Quellka, unterwarf sich der Prinz mit leichter Mühe, weil sie zu wenig Macht hatten ihm zu widerstehen.

Nach allen diesen Eroberungen, nahm der König Einwohner aus dem Thale Nanaska und versezte sie an den Fluß Apurimak,

Zweytes Buch. 213

[...]k, welcher in der Gegend, wo er den [kön]iglichen Weg, der von Cusko nach Ri[maja]k gehet, durchkreuzt, durch ein so heisses [Land] fliesset, daß die Bewohner der gebürg[ich]ten Gegenden, wie das Land um Cus[ko] ist, nicht da wohnen können, ohne krank [zu] werden, und zu sterben. Um dieses [Ü]bel zu verhüten, wählte der Ynka Pflanz[bür]ger, aus einer heissen Gegend um das [Lan]d am Flusse Apurimak zu bevölkern. [De]nn wenn die Ynkas Pflanzbürger aus [ein]er Landschaft in die Andere schicken wol[ten], welches man Mitmak nennete, so sa[hen] sie allezeit darauf, daß das Clima die[ser] beyden Landschaften sich ähnlich war; [wei]l sie wohl wußten, daß Leute, die aus [ein]er kalten Gegend in eine warme versezt [wer]den, schwerlich ihre vorige Gesundheit [beh]ielten: eben dieses hatten sie im entge[gen]gesezten Falle zu besorgen. Um deß[wil]len hatten sie sich ein Gesez gemacht, nie[ma]ls Einwohnern der Gebürge Wohnungen [auf] dem platten Lande anzuweisen. Die [An]zahl derer, welche aus dem Thale Na-

O 3 naska

naska in die Thäler am Flusse Apurimac
geführt wurden, war nicht groß. Denn
die meisten Gegenden, welche dieser Fluß
durchströmt, sind steinicht und unfruchtbar
nur einige Oerter an seinen beyden Ufern
brachten unvergleichliche Gartenfrüchte her
vor, und diese wolte der Ynka benutz
wissen.

Nachdem der Prinz Ynka Roka die
Thaten verrichtet, und für die Landesregi
rung und den Unterricht des Volks in de
neueroberten Provinzen, nach der Gewohn
heit der Ynkas gesorgt hatte; kehrte er g
rade nach Cusko zurück, wo er sowohl vo
seinem Vater, als auch von dem Volk
auf das Beste empfangen wurde. Er b
schenkte seine Hauptleute und Soldaten, w
sie es verdient hatten und entließ sie al
dann ihrer Dienste. Da der Ynka Cap
Yupanqui die Schwachheiten des Alters z
empfinden anfing; so beschloß er, seine übr
ge Lebenszeit in Ruhe zuzubringen. Er leb
te noch einige Jahre in der größten Z
frieder

riedenheit und Glückseeligkeit, allein mit
em allgemeinen Besten seiner Unterthanen
eschäftigt. Diese waren hingegen wiederum
oller Eifer und Bereitwilligkeit alles, was
er Ynka wünschte zu thun und trugen,
iit Freuden, alles was man von ihnen
erlangte, zur Verschönerung des Hauses
er Sonne und Aufführung anderer öffent=
chen Gebäude bey.

Der Ynka Capak Yupanqui starb end=
ich, im Genuße des Friedens mit seinen
Nachbarn und der Liebe seiner Unterthanen.
Da er ein kluger und tapferer Fürst gewe=
en war, welcher den Namen Capak mit
Recht getragen hatte, so ward er von allen
einen Unterthanen betrauert und beweint.
Sein Leichnam ward einbalsamirt und bey
einen Vorfahren beygesezt. Er hinterließ
u seinem Nachfolger den Ynka Roka, sei=
en ältesten Sohn, welchen er mit seiner
Gemalin und Schwester, Coya Mama Cu=
rypally gezeugt hatte. Man sagt, daß er
von seinen andern Weibern und Kebswei=

D 4   bern,

bern, auser diesem, mehr als achtzig Kinder gehabt habe. Man wird sich hierüber um so weniger wundern, wenn man betrachtet, daß die mehresten von diesen Ynka zum Theil hundert, zweyhundert, ja Einige sogar bis auf dreyhundert Kinder erzeugt haben.

Ende des Zweyten Buchs.

Geschichte
der
Ynkas,
Könige von Peru.

Erster Theil.
Drittes Buch.

Innhalt
des
Dritten Buchs.

Regierung des Inka Roka, des Inka Yahuarhuacac und des Inka Virakocha.

Erstes

Erstes Kapitel.

Der Ynka Roka, sechster König von Peru, macht sich verschiedene Völker unterthänig, unter welchen die vornehmsten die Chankas und die Landschaft Hanko Huallu ist.

Nach dem Tode des Ynka Capak Yupanqui, nahm der König Ynka Roka (dessen Name so viel als, ein kluger Fürst bedeuten soll,) die farbichte Stirnbinde an, und als er seinem Vater die lezte Ehre erwiesen, durchreisete er innerhalb drey Jahren sein ganzes Land und besuchte jede Stadt. Er zog hierauf eine Armee zusammen, um in der Gegend Chinkasuyu, oder in Norden von Cusko, neue Eroberungen zu machen. Er ließ zu dem Ende auch eine neue Brücke über den Fluß Apurimak, wo izt der königliche Weg von Cusko nach Los Reyes gehet, schlagen. Als diese zu Stande gebracht war, zog er mit
20000

20000 Mann und vier Unterfeldherren von Cusko aus. Er ging mit seinem Heere über die Brücke und kam in das Thal Amanzay, welches Wort eine Lilie bedeutet. Diesen Namen hat das Thal davon bekommen, weil die Blumen, welche man in Peru Lilien nennet, hier häufig wachsen. Die Blume Amanzay gleichet der europäischen Lilie nur in Ansehung der weissen, mit grün vermischtem Farbe. Sie ist wie eine Klocke gebildet, und hat weder Blätter, noch Geruch. Bey seinem Marsche aus Amanzay ließ er das hohe Schneegebürge rechter Hand liegen und unterwarf sich die wenigen Städte, welche von den Völkern Takmara und Quinvalla bewohnt sind. Er ging weiter nach Cochakassa, wo er eine Besazzung zurück ließ. In Curampa fand er wenig Einwohner, die ihn willig aufnahmen. Nunmehr wendete er sich gegen die grosse Landschaft Antahuaylla, deren Einwohner sich auf sechzehn bis siebenzehn Meilen zu beyden Seiten des königlichen Weges ausgebreitet haben. Dieses Volk, welches sich Chan-

Drittes Buch.

...hanka nennet, war sehr reich und sehr kriegerisch; es rühmet sich auch, daß es von einem Löwen abstammt; um deßwillen beteten ...e Chankas dieses Thier, als einen Gott, ... Ehe sie von den Inkas bezwungen ...urden, führten sie, an ihren vornehmsten ...esttagen vier und zwanzig junge Leute auf, ...elche mit nichts, als einer Löwenhaut be...eidet waren; das Fell von dem Kopfe die...s Thieres diente ihnen anstatt des Helms.

Unter der Benennung der Chankas be...eift man gemeiniglich noch verschiedene an...re Völker, die Hanko-Huallu, die Utun...llu, die Uramarka, die Villka u. s. f. ...le diese Völker behaupten, daß sie von ...rschiedenen Vätern herstammen; die Eine ...n einem Hügel, die Andere von einer ...uelle und eine Dritte von einem See. ...des Volk hält das für einen Gott, von ...m es seinen Ursprung herleitet, und bringt ...m Opfer. Die Vorfahren dieser Völker, ...lche aus sehr entfernten Gegenden gekom...en waren, eroberten verschiedene Länder,

ehe

ehe sie in der Landschaft Antahuaylla anka
men. Sie bemächtigten sich derselben durc
die Waffen, verjagten die alten Einwohne
daraus und unterjochten die Quechuas, wel
che ihnen zinsbar werden mußten. Da si
aber nach diesen Thaten, deren sich ihr
Nachkommen noch rühmen, ihre Untertha
nen tyrannisch behandelten und der Ynk
Roka Nachricht hiervon bekam, so beschlo
er, ihrer Ungerechtigkeit Einhalt zu thun
Nachdem er an der Gränze der Landschaf
Antahuaylla angekommen war; schickte e
Abgeordnete an die Chankas ab, die sie auf
fodern mußten, sich entweder dem Sohn
der Sonne zu unterwerfen, oder die Waf
fen zu ergreifen und sich zu vertheidigen
Die Chankas versammelten sich hierauf un
sich zu berathschlagen, konnten aber wege
der zu gebenden Antwort nicht einig werden
Die andern Stämme waren bereitwillig, sic
dem Sohne der Sonne zu unterwerfen, nu
der Stamm, welcher den Löwen für seiner
Anherrn ausgab, läugnete, daß der Ynk
ein Sohn der Sonne sey und behauptete; ei
Volk,

Drittes Buch.

[...]olk, welches einen so edlen Ursprung hät[...], und über so viel andere herrschete, müsse [vi]elmehr denken andere Völker unter seine [H]errschaft zu bringen, als sich dem Ynka [zu] unterwerfen. Sie ermahnten also alle [di]e Andern, die Waffen zu ergreifen und [ih]ren Ruhm und ihre Freyheit als tapfere [Le]ute zu vertheidigen.

Die Chankas brachten auf diese Art [ve]rschiedene Tage zu, ohne daß sie unter einander einig werden konnten. Der Ynka, [w]elcher hiervon Nachricht bekam, und nicht [gl]aubte, daß er den Abkömmlingen des Lö[w]en Zeit lassen müsse, die Wagschale auf [ih]re Seite zu lenken; befahl alsbald seinen [Un]terfeldherren, in die Landschaft Antahu[y]lla einzurücken. Zu gleicher Zeit schickte [er] einen Abgeordneten an die Chankas, wel[ch]er ihnen sagen mußte; "Wenn sie ihn [ni]cht alsbald für ihren Herrn erkennten, so [w]ürde er sie insgesammt niederhauen lassen; [we]il er müde sey, ihre Widersezlichkeit zu [du]lden." Diese Drohungen erschreckten die [C]hankas so sehr, zumal da sie sahen, daß

die

die Quechuas und andere Völker, die si=
bisher unterdrückt hatten, auf die Seite de[s]
Ynka treten würden; daß sie nicht mehr de[n]
Muth hatten, sich zu widersezzen: Sie un[=]
terwarfen sich dem Joche, mehr aus Furch[t]
vor der Macht des Ynka, als aus Ueber[=]
zeugung daß ihnen seine Gesezze und Regie[=]
rung heilsam seyn würden. Sie gaben zwa[r]
dem Abgeordneten zur Antwort; Sie wä[=]
ren bereit, allen seinen Befehlen auf das ge[=]
naueste zu gehorchen; allein sie behielten i[n]
ihren Herzen beständig einen geheimen Ha[ß]
gegen ihre Ueberwinder.

Nach der Bezwingung der Chankas un[d]
der Einrichtung der Landesregierung, gin[g]
der Ynka Roka weiter bis in die Landschaf[t]
Uramarka, welche sonst auch unter dem Na[=]
men Chanka mit begriffen gewesen ist. Die[=]
se Landschaft hatte zwar einen kleinen Um[=]
fang, allein seine Einwohner waren stol[z]
und kriegerisch. Sie unterwarfen sich dem
Ynka auch nicht ohne Widerstand, und wür[=]
den vielleicht noch grössere Schwürigkeiten
gemacht haben, wenn ihre Macht ihrem

Drittes Buch.

luthe gleich gewesen wäre. Ueberhaupt
...gten sich die nordlichen Völker gegen die
...nkas und ihre Regierung weit abgeneigter,
... die südlichen und westlichen. Sie er=
...nten die Oberherrschaft einer fremden
...acht, nur mit Widerwillen. Aus Ura=
...rka ging der Ynka mit seinem Heere in
... Landschaft Hanko-Huallu oder Villka.
...ch diese war von Chankas bewohnt, und
... Einwohner waren eben so abgeneigt, eine
...mde Herrschaft zu erkennen, als die in
... übrigen Ländern dieser Nazion. Die
...iege, welche sie zeither über andere Völ=
...erhalten, machten sie übermüthig; aber
... Unterdrückungen, welche sie gegen die
...berwundenen ausübten, beschleunigten den
...g des Ynka. Er wußte ihrer Kühn=
...t gar bald Schranken zu sezzen und sie
...orsam gegen seine Befehle zu machen;
...in eben dieses kränkte sie in der Seele und
...uete den Saamen eines heimlichen Hasses
...en ihre neuen Beherrscher in ihren Her=
...aus. In diesen beyden Ländern pfleg=
... die Einwohner, an ihren vornehmsten

I. Theil.   P   Festen,

Festen, ihren Gözzen Kinder zu opferr
Der Ynka, dem dieses nicht unbekannt war
gebot ihnen, einem so unnatürlichen Gözzer
dienste zu entsagen, und die Sonne anzub
ten. Zu gleicher Zeit machte er auch ei
Gesez, welches er sogar mit seinem eigene
Munde bekräftigte; daß die Nazion, welc
ein einziges Kind opfern würde, mit de
Schwerdte solte ausgerottet und ein ander
Volk an seine Stelle gesezt werden. L
gleich dieses Gesez einen grossen Eindruck a
diese Barbaren machte, so verliessen sie do
nur mit einem heimlichen Grolle ihre gra
same Gewohnheit.

Von Villka wendete sich der Ynka g
gen Abend, ging bis an das Meer, ur
gelangte in die grossen Landschaften, we
che den Namen Sulla führen; wiewol
man, zum Unterschiede die Eine Hotur
Sulla nennet. Diese beyden Länder sr
von verschiedenen Völkern bewohnt, vo
welchen Eines zahlreicher ist, als das And
re; zusammen genommen mögen sie ohngefeh
40000 Mann ausmachen. Der Ynka brac

viele Zeit zu, ehe er sie zum Gehorsam
[brin]gen konnte; zumal da er es auf alle
[W]eise vermied, gewaltsame Mittel anzuwen=
[de]n. Verschiedene Mal waren sie im Be=
[gr]iff, ihre Waffen zu ergreifen, und sich
[de]m Eroberer muthig zu widersezzen. End=
[lic]h überwand das gütige Betragen und die
[G]roßmuth des Ynka, sie unterwarfen sich
[ih]m und seinen Gesezzen und nahmen die
[S]tatthalter an, welche er über sie sezte.
[Y]nka Roka kehrte hierauf siegreich in seine
[H]auptstadt zurück.

Zweytes Kapitel.
[Y]ahuarhuakak, Erbprinz des Ynka
Roka, erobert einige Länder in der
östlichen Gegend.

[N]achdem der Ynka Roka einige Jahre
auf die innere Verwaltung seines Reichs
[ve]rwendet hatte; beschloß er, seinen Erbprin=
[ze]n, welchen man Yahuarhuakak nennte,
[m]it einem Heere in den Bezirk Antisuyu,
[od]er die gegen Morgen liegende Länder aus=
[zu]schicken, um sie zu erobern. Denn auf

P 2   dieser

dieser Seite erstreckten sich die Gränzen des Peruanischen Reichs nicht weiter, als bis an den Fluß Paukartampu, welcher nicht sehr weit von Cusko ist.

Ehe ich in meiner Erzählung weiter gehe, muß ich den wunderbaren Namen dieses Prinzen erklären, welches in der That der Erste ist, der von böser Vorbedeutung zu seyn scheinet. Yahuarhuakak heißt so viel als Einer der Blut weint. Es ist ungewiß, ob er diese traurige Benennung davon bekommen habe, weil er, wie Einige behaupten, bey seiner Geburt Blut geweint; oder weil er, wie Andere sagen, in seinem vierten Jahre blutige Thränen vergossen. Dieses ist auser Zweifel, daß alle Nachrichten darinne übereinstimmen, daß er Blut geweint, und daß die Ynkas, weil dieses dem Erben der Krone begegnete, sehr aufmerksam und sehr traurig bey diesem ungewöhnlichen Vorfalle waren. Da die Peruaner überhaupt bey den geringsten Bewegungen der Augenlieder sehr abergläubig sind; da sie sich gewiß einbilden, daß das unwillkührliche Zwin-
kern

rn des obersten Linken Augenliedes ihnen
Glück, des Rechten sehr grosses und immer währendes Glück; und eben diese Bewegung
s Untern Rechten Augenliedes Unglück
d des Linken den gänzlichen Untergang
zeige; so, daß wenn ihnen das lezte wi-
rfähret, sie sich hinsezzen, und Ströme
n Thränen vergiessen, ehe ihnen das ge-
gste Böse widerfahren ist; so kann man
h leicht vorstellen, was für einen betrüb-
n Eindruck die blutigen Thränen ihres Erb-
inzen bey ihnen müssen gemacht haben:
ie fürchteten nichts geringers, als daß ihm
tweder ein sehr grosser Unfall begegnen,
er daß er den Fluch seines Vaters, der
onne, auf sich laden würde. Allein ich
hre zu meiner Erzählung zurück.

Da also der Ynka Roka den Entschluß
faßt hatte, seinen Erbprinzen zu der Ero-
rung des Bezirks Antisuyu ausziehen zu
sen; so zog er funfzehntausend Mann zu-
mmen, ernennte drey Unterfeldherren, die
ter ihm das Heer anführen und seine
athgeber seyn sollten und versahe sie mit

allem,

allem, was zu diesem Feldzuge nöthig war. Der Prinz ging über den Fluß Paukartam pu, und rückte in die Landschaft Challapam pa ein, wo er die wenigen Einwohner zu Gehorsam brachte. Aus Challapampa se⸗ er seinen Marsch nach Pillkapata fort, un legte vier Städte an, deren Einwohner aus andern Gegenden kommen ließ. Er gir hierauf nach Haviska und Tunu, wo d Kraut Kuka, welches man in Peru so ho schäzt, gefunden wird. Ich kann nicht u terlassen im Vorbeygehen zu bemerken, b mein Vater Garcillasso de la Vega die Lan schaft Haviska zu seinem Antheil erhielt; schenkte sie mir hernach, aber mein Entschlu nach Spanien zu gehen, machte, daß i dieses Geschenke aufgab. Wenn man in t Thäler, wo das Kraut Kuka wächst, kor men will, muß man eine fürchterliche A höhe hinab steigen, die Cannachuay genen wird. Sie ist fünf Meilen, beynahe ser recht, hoch; man kann in diesen Abgru nicht ohne Grausen hinab sehen. Der W gehet Schlangenweise und ist mit viel E
fa

fahr verknüpft, man mag auf- oder abwärts steigen wollen.

Die Einwohner der Landschaften am Geburge Antis beteten Tiger und die grossen Schlangen Amaru an, unter welchen einige so dicke als der Oberschenkel eines Mannes und fünf und zwanzig bis dreyßig Fuß lang sind. Sie sind nicht böse, und verletzen niemanden. Sie schreiben dieses einer Zauberin zu, welche sie durch ihre Beschwörungen gezähmt hätte. Diese beyden Arten der Thiere, die Tiger und die Schlangen beten sie um deßwillen an, weil sie glauben, daß dieses die ursprünglich Eingebohrnen des Landes, sie selbst aber fremde Einkömmlinge sind.

Auf diesem Zuge erweiterte der Prinz Yahuarhuakak das Reich seines Vaters um dreyßig Meilen; allein dieses Land war nicht sehr bewohnt. Die Moräste, Berge und Abgründe, welche dem Peruanischen Reiche auf dieser Seite Gränzen setzen, hinderten ihn, weiter zu gehen; er kehrte also nach Cusko zurück.

Drittes Buch.

Der König, sein Vater beschloß, einige Jahre alle Kriegsgedanken aufzugeben, und sich bloß mit der Verbesserung und Verschönerung seines Reichs zu beschäftigen. In der That erlaubten ihm weder die hohen Gebürge Andes gegen Morgen, noch das grosse Südmeer gegen Abend, auf diesen beyden Seiten an fernere Eroberung zu gedenken, und diese Länge seines Reichs betrug über hundert Meilen: Die Breite von Norden gegen Süden betrug über zweyhundert Meilen und bot ihm für itzt Gelegenheit gnug dar, seinen Geist zu beschäftigen. In diesem ganzen Lande waren die Einwohner beschäftiget, für ihren König und die zahlreiche Nachkommenschaft des Manko Capak Palläste, Gärten und Landhäuser anzulegen; Landstrassen zu machen, und Vorrathshäuser zu erbauen, in welchen entweder Waffen für die Kriegsleute oder Getraide und Kleider für die Einwohner aufbewahret wurden.

Drittes Kapitel.
Der Ynka Roka erobert einen Theil des Landes Charkas.

Nachdem der Ynka Roka in seinem Reiche alles in den Zustand gesezt, welchen er wünschte, so entschloß er sich zu einem neuen Kriegeszuge, um die Eroberung des Landes Charkas, wozu sein Vater, der Ynka Capak Yupanqui, den Anfang gemacht hatte, zu vollenden. Er zog eine Armee von dreyßigtausend Mann zusammen, ernennte sechs Unterfeldherren über die andern Hauptleute und Offiziere und sezte sich mit einem grössern Heere in Marsch, als noch irgend einer seiner Vorfahren gehabt hatte. Sein Prinz Yahuarhuakak nebst vier alten erfahrnen Ynkas, die ihm als Räthe zugegeben waren, mußte indessen die Regierung des Reichs besorgen.

Der Ynka Roka marschirte durch den Bezirk Collasuyu und nahm unterweges alle die Truppen mit sich, welche sich, auf seinem Befehl in den Landschaften dieses Bezirks, bereit hielten; mit diesen kam er an die

die Gränzen der Chunkurys, Pukunas und Muyumuyus, welche Völker zunächst an dem Reiche der Ynkas wohnten. Er ließ die gewöhnliche Auffoderung an sie ergehen; "Sie solten die Sonne für ihren Gott erkennen, seine Gesezze annehmen, den Dienst der hölzernen und steinernen Gözzen verlassen, und den bösen Gewohnheiten, welche wider das Gesez der Natur und die Pflichten der menschlichen Gesellschaft liefen, entsagen." Die jungen Krieger wurden über diesen Antrag so aufgebracht, daß sie voller Wuth die Waffen ergriffen, indem sie sagten: "Schlimmer könne man ihnen doch nicht begegnen, als so, da man sie zwingen wolle, ihre Götter zu verlassen, um die Götter Eines Fremden anzubeten, und ihren Gesezzen und Gewohnheiten zu entsagen, um sich den Befehlen des Ynka zu unterwerfen, welcher sich aller Länder zu bemächtigen suchte und auch die Völker zinsbar machte, und als Sklaven behandelte, über welche sich seine Herrschaft gar nicht erstreckte." Sie beschlossen also dieses nicht

zu

zu leiden, und lieber als herzhafte Leute in der Vertheidigung ihrer Götter, ihrer Gesezze und ihrer Freyheit zu sterben.

Allein die Alten unter diesem Volke, Leute voller Mäßigung und Weißheit, antworteten hierauf: Alle diese Einwürfe hätten blos den Schein der Wahrheit und Wichtigkeit; die Gerechtigkeit, Mäßigkeit und Güte der Ynkas sey bekannt: Sie wären so weit entfernt ihren Unterthanen etwas zu nehmen, daß sie ihnen vielmehr von ihrem Ueberflusse, nachdem sie ihre Truppen versorgt hätten, mittheilten: In den eroberten Ländern, masseten sie sich nur der unbebauten Ländereyen an, und liessen sie durch ihre eigenen Leute bearbeiten: Sie behandelten ihre Unterthanen so wenig als Sklaven, daß sie ihnen vielmehr die vollkommenste Ruhe und Glückseeligkeit durch ihre Gesezze und weise Regierung verschafften: dieses könne so leicht erfahren werden, daß man nur den Zustand der nächsten Provinzen des Reichs der Ynkas vor und nach ihrer Unterwerfung in Betrachtung ziehen dürfte: Es falle

in

in die Augen, daß die Völker, welche vorher in Uneinigkeit und Armuth gelebt, izt, unter der gerechten und sanften Regierung der Ynkas, Sicherheit und Ueberfluß genössen: Eben dieses sey ein Beweiß, daß auch die Sonne, welche ihnen der Ynka anzubeten befohle, eine mächtigere und wohlthätigere Gottheit, als ihre bisher verehrten Götter sey, und also diesen vorgezogen werden müsse; Viele Völker hätten dieses schon lange erkannt, daher sie sich den Ynkas freywillig unterworfen hätten; deren ihrem Beyspiele solten sie folgen, und zwar ehe sie vom Ynka, dem sie doch nicht widerstehen könnten, mit Gewalt dazu gezwungen würden; dadurch könnten sie sich die besondere Gnade des Ynka erwerben und es sey auch der einzige Weg ihr Leben, ihre Weiber, Kinder und Güter in Sicherheit zu sezzen."

Durch diese und ähnliche Vorstellungen besänftigten und überzeugten diese weisen Alten die jungen Krieger so vollkommen, daß sie einmüthig mit ihnen dem Ynka entgegen gingen. Die jungen Leute, welche mit ihren

Waffen

Waffen vor ihm erschienen, sagten: "Sie trügen diese Waffen nur, um unter seinem Heere als gute und getreue Unterthanen zu dienen und ihm neue Länder erobern zu helfen." Die Alten hingegen beschenkten ihn mit den besten Früchten ihres Landes und bezeugten ihre Freude, daß er sie unter die Anzahl seiner glücklichen Unterthanen aufnehmen wolle. Der Ynka empfing sie sehr gnädig und befahl, daß man den Alten Kleider geben solte. Er wolte sogar, daß man den Vornehmsten Röcke von seinen eigenen gäbe, den übrigen aber ließ er gewöhnliche Kleider reichen. Um den jungen Kriegern und ihren Anführern zu zeigen, wie hoch er ihren Muth schäzze; nahm er fünf hundert derselben unter sein Heer auf; und diese fünfhundert wurden, um aller Eifersucht zuvor zu kommen, durch das Loos gezogen. Diese vorzüglichen Gnadenbezeugungen erfüllten diese guten Leute mit so viel Zufriedenheit, daß sie ihn insgesammt als einen Gott verehrten, und ihm, indem sie vor seinem Throne niederfielen, zuruften: "Du

"Du zeigest wahrhaftig durch deine Handlungen, daß Du in der That ein Sohn der Sonne bist! Du bist allein würdig, daß man Dich König nenne! Die Sonne überhäufe Dich mit Seegen und lasse Dich über alle Völker der Erde herrschen!"

Der König ließ bey diesem Volke Leute, um es zu unterrichten, und ging mit seinem Heere weiter, um die nächstgelegenen Länder zum Gehorsam zu bringen. Der Ynka Roka unterwarf sich die Landschaften Misqui, Cakaka, Makaka, Carakara und viele Andere bis nach Chuquisaka, wo in der folgenden Zeit die Stadt La Plata ist erbauet worden, mit eben der Leichtigkeit, als die vorhergehenden. Alle diese Landschaften, welche von Völkern bewohnt wurden, die an Namen und Sprache unterschieden waren, gehören izt zu der grossen Provinz Charkas. Durch diesen Feldzug erweiterte der Ynka die Gränzen seines Reichs um funfzig Meilen in die Länge und in die Breite; er ließ bey allen diesen Völkern, nach seiner Gewohnheit, Männer zurück, die

die sie in der Religion und den Pflichten des bürgerlichen Lebens unterrichten konnten und lehrte, mit Ruhm überhäuft, nach seiner Hauptstadt zurück.

Viertes Kapitel.
Der Ynka Roka legt Schulen in Cusko an, giebt nüzliche Gesezze und stirbt.

Der Ynka Roka belohnte seine Hauptleute, ließ sein Heer auseinander gehen, und beschloß, sein übriges Leben in Frieden zuzubringen. Er stiftete öffentliche Schulen, wo die Amautas, oder Weisen, die Wissenschaften, welche zu der Zeit in Peru bekannt waren, lehren mußten. Bey diesen Schulen ließ er sich einen königlichen Pallast bauen, weil er selbst der erste Aufseher über seine Stiftung seyn wolte. Nachdem er also, im guten Unterrichte der Jugend, die Quelle der guten Sitten und Tugenden eröffnet, so suchte er auch, durch scharfe Gesezze den Lastern einen Damm entgegen zu sezzen. Seine Weißheit war so berühmt, daß

daß beynahe jeder Ausspruch seines Mundes, seinen Unterthanen merkwürdig schien. Viele dieser scharfsinnigen Sprüche sind bis auf unsere Zeiten gekommen, von welchen ich zum Beyspiele nur einige anführen will: "So oft ich die Schönheit, das Licht, und die Grösse des Himmels betrachte," pflegte er zu sagen, "so oft werde ich überzeugt, daß Pachakamak (so nennten sie die höchste Gottheit, den Schöpfer der Sonne, dessen Namen nur die Ynkas mit größter Ehrerbietung aussprechen durften.) ein sehr mächtiger König seyn müsse, weil er eine so schöne Wohnung hat." Um zu zeigen, wie viel Hochachtung er für wahrhaftig tugendhafte Leute habe, sagte er: "Wenn ich auf dieser Erde irgend Etwas anbeten dürfte, so würde ich ohne Zweifel einen weisen und tugendhaften Menschen anbeten; denn er übertrifft an Würde alle Dinge auf der Welt." Aber um zu zeigen, daß man auch nicht einmal einen tugendhaften Menschen anbeten dürfe, sezte er hinzu: "Allein man muß Den nicht anbeten,

welcher

welcher unter Thränen gebohren ist; der aus einem Kinde ein Mann wird; der niemals in eben demselben Zustande bleibt; der gestern auf die Welt kam und sie heute verläßt; welcher weder den Tod vermeiden, noch auch in das Leben zurück kehren kann."

Unter den Gesezzen, welche Ynka Roka gab, sind die merkwürdigsten: "Das nur die Kinder der Edeln in den Wissenschaften durften unterrichtet werden." "Daß jeder Sohn das Handwerk seines Vaters lernen mußte." "Daß Mörder, Aufrührer, Ehebrecher und Diebe, ohne Barmherzigkeit an Leben solten gestraft werden." "Daß Kinder ihren Eltern bis in ihr fünf und zwanzigstes Jahr dienen mußten; alsdann traten sie in den Dienst des Staats."

Die Wissenschaften, worinne die Amautas, die königlichen Prinzen, die Ynkas überhaupt und die Edeln des Reichs unterrichten mußten, waren vorzüglich, die Vorschriften der Religion, die heiligen Gebräuche, die

Sprachkunde, die Dichtkunst, die Tonkunst und die Sterndeuterkunst. Die Ynkas lehrten sie besonders den Grund der Gesezze, indem sie ihnen den innern Verstand derselben zeigten, die Staatskunst, die Kriegskunst und die Geschichte. Die Zeitrechnung lehrten sie sie vermittelst der Quippos, oder Schnüre, worein mancherley Knoten geknüpft waren. Die Sittenlehre aber, die Haushaltungskunst und die andern Wissenschaften mußten sie ihnen aus dem Gedächtniß vortragen, weil sie keine Art von Schrif hatten.

Alle diese vortreflichen Einrichtungen mache te Ynka Roka. Man weiß nicht genau, wi viel Jahre er gelebt hat; als er starb war er, wegen seiner ausnehmenden Verdienst in Krieg und Frieden von allen seinen Ur terthanen beweint. Sein Nachfolger ir Reiche war sein ältester Prinz Yahuarhua kak, welchen er mit seiner Schwester un Gemalin, Mama Mikay, gezeugt hatt Er hatte auser diesem noch viele ander Kinder.

Fün

Fünftes Kapitel.

Yahuarhuakak, siebenter König von Peru. Sein Mißtrauen, seine Eroberungen und Ungnade seines Erbprinzen.

Nach des Ynka Roka Tode nahm der Ynka Yahuarhuakak Besiz vom königlichen Throne, und regierte sein Reich mit viel Gerechtigkeit, Sanftmuth und Frömmigkeit. Seine einzige Absicht war, sich im Besiz derjenigen Glückseeligkeit zu erhalten, in welche er durch seine Geburt war gesezt worden, ohne auf die weitere Ausbreitung seiner Macht zu denken, oder mit irgend einem benachbarten Volke Krieg anzufangen. Sein Unglückdeutender Name und die Uebel welche man ihm weissagte, benahmen ihm den Muth irgend Etwas zu wagen. Einige Jahre verflossen auf diese Art, in welchen er den Frieden mit seinen Nachbarn auf alle Weise zu erhalten suchte. Um nicht müßig zu bleiben, besuchte er, während dieser Zeit, alle Provinzen seines Königreichs dreymal und ließ prächtige Gebäude aufführen. Er behandelte seine Unterthanen sammt und sonders sehr gut und zeigte mehr Zuneigung und Zärtlichkeit gegen sie, als irgend Einer seiner Vorfahren. Ohne Zweifel war dieses zum Theil eine Wirkung seiner Furcht und seiner Zweifel, welche ihn diese neun Jahre lang beständig beunruhigten. Um den schimpflichen Namen eines Feigen zu vermeiden und sich nicht den Vorwurf zuzuziehen, daß er der einzige Ynka sey, welcher sein Reich nicht vergrössert habe; entschloß er sich endlich eine Armee von zwanzigtausend Mann in die südwestlichen Gegenden, jenseits Arequippa, auszusenden. Hier hoffte er einen Strich Landes, der sehr groß, aber schlecht bevölkert war, ohne Gefahr zu erobern. Zum Anführer dieses Heeres wählte er den Ynka Mayta, seinen Bruder, welcher sich seit dieser Zeit beständig Apu Mayta nennen ließ. Zu Unterfeldherren gab er ihm vier alte und in der Kriegswissenschaft sehr erfahrne Ynkas. Er selbst konnte sich nicht entschliessen, diesen Feldzug zu thun; Sein Bruder, nebst

seinen

einen Untergebenen, brachte diese Eroberung
in kurzer Zeit zu Stande, und fügte zu dem
Reiche des Ynka den ganzen langen aber
schmalen Strich Landes hinzu, welcher sich
von Arequippa gegen Mittag bis nach Ta-
rama erstreckt, wo die Wüste von Chili ihren Anfang nimmt; und nunmehr war dasjenige Viertel des Reiches der Ynka, welches sie Collasuyu nennten, völlig erobert.
So bald Apu Mayta seinen Auftrag zu
Stande gebracht; legte er, mit seinen zugegebenen Unterfeldherren, Rechenschaft von
allem, was sie gethan hatten, bey dem Ynka ab. Die Nachricht von ihrem Glücke
gefiel ihm auserordentlich und bewegte
ihn, auf eine noch rühmlichere Unternehmung zu denken. Diese war, die Landschaften Caranka, Ullaka, Llipi, Chika und
Ampara, die sehr groß und deren Einwohner sehr zahlreich und tapfer waren, auch
zu erobern. Die vorigen Ynkas hatten Be-
denken getragen, sie anzugreifen; sie hatten
befürchtet, hier einen hartnäckigen Widerstand zu finden, welcher viel Blutvergiessen

verur-

verursachen könnte: Sie hatten immer gehofft, diese wilden und unbändigen Völker würden durch das Beyspiel ihrer Nachbarn, welche sie unter dem Zepter der Ynka ein glückseliges und ruhiges Leben führen sahen, bewogen werden, sich freywillig einer so sanften Regierung zu unterwerfen.

Diese Unternehmung, wozu sich der Ynka Yahuarhuakak entschlossen hatte machte ihm viele Sorgen; Furcht und Hoffnung beunruhigten sein Gemüth beständig. Bald schmeichelte er sich, dieser Feldzug würde mit eben so vielem Glück begleitet seyn, als der, welchen sein Bruder Mayta gethan bald gedachte er wieder an seinen unglücklichen Namen und die Uebel, welche ihm um deßwillen waren voraus verkündiget worden Diese Furcht war aber nicht die einzige Sache, welche ihn beunruhigte. Die wilde Gemüthsart, und böse Aufführung seines ältesten Sohnes, welcher einst sein Thronfolger seyn solte, verursachte ihm einen beständigen, nagenden Kummer. Dieser Prinz hatte von Kindheit an Zeichen der Grausamkei keit gegeben, und kein grösseres Vergnügen gekannt, als andere junge Leute, die seines Alters waren, zu schlagen und zu mißhandeln; weßwegen man sich auf das Zukünftige nichts gutes von ihm versprach. Der Ynka that alles, ihn zu bessern und hoffte immer, diese Härte und Wildheit würde sich verliehren, sobald sich das Feuer der Jugend gelegt hätte; er stellte ihm deßwegen täglich die Sanftmuth und Güte seiner Vorfahren zum Beyspiele vor, und zeigte ihm, wie sehr sie sich durch diese Eigenschaften die Liebe und Achtung ihrer Unterthanen erworben hätten; er gebrauchte sich sogar zuweilen harter Drohungen; allein alles war vergebens: Sein Sohn ließ immer mehrere Neigung zu Tyranney und Unterdrückung merken, und selbst die Strenge, womit er ihm begegnete schien ihn schlimmer zu machen. Dieses bewog endlich den Ynka Yahuarhuakak, seine ganze Ungnade auf ihn zu werfen, und ihn aus seiner Gegenwart zu verbannen. Vielleicht hatte die kleinmüthige Gemüthsart und mißtrauische Furcht, welche dieser Ynka

Ynka auch vor seinem eigenen Sohne hatte, einigen Antheil an diesem ungewöhnlichen Entschlusse. Er soll sogar willens gewesen seyn, ihn, wenn diese harte Begegnung ihn nicht besserte, zu enterben, und sein Reich Einem von seinen andern Prinzen zu hinterlassen. Das Beyspiel einiger benachtbarten Länder, wo der Curaka dem Sohne, welchen er am meisten liebte, die Erbschaft zuwendete, soll ihn auf diese Gedanken gebracht haben. Er untersagte diesem unglücklichen Prinzen also sein Hauß und den Hof, und verwieß ihn in den grossen Park Chita, wo schöne Weyden sind, und eine Menge, der Sonne geheiligtes Vieh, aufbehalten wird. Um ihn zu demüthigen, befahl er ihm, dieses Vieh, mit andern Hirten zu weyden. Der Prinz konnte sich diesem Befehle nicht widersezzen; er gesellte sich also zu den andern Hirten und weydete mit ihnen die Heerden der Sonne, während drey Jahren. Man weiß nicht, welchen Namen er vor seiner Verweisung geführt, oder ob er ganz und gar keinen gehabt hat. Man wird sehen, daß

daß der Name, welchen er in der Geschichte, durch seine grossen Thaten berühmt gemacht hat, ihm erst in der Folge, durch eine sehr sonderbare Begebenheit zu Theile geworden ist. Da die Peruaner auserdem die Kunst zu schreiben nicht hatten, so ist es kein Wunder, daß Namen, deren man nicht oft erwähnte, leicht vergessen wurden.

Sechstes Kapitel.
Der junge Prinz hat eine Erscheinung, die ihm eine wichtige Nachricht giebt, um sie seinem Vater zu hinterbringen.

Nachdem der Ynka Yahuarhuakak seinen Sohn ins Elend verwiesen hatte, war er beynahe entschlossen, keine Kriege mehr zu führen, sondern, im Friede, das Beste seines Reichs zu besorgen. Indessen trug er grosse Sorge, daß sich sein Sohn, aus dem ihm angewiesenen Bezirke nicht entfernen möchte, weil er sich beständig tausend Unfälle vorstellte, welche die Folgen einer solchen Begebenheit seyn könnten.

Drey Jahre brachte er auf diese Art in immerwährender Unruhe zu, in welcher Zeit er nichts that, als daß er viere seiner erfahrensten und weisesten Anverwandten zweymal abschickte, welche eine Besichtigung des ganzen Reichs anstellen mußten. Er befahl ihnen ausdrücklich, daß sie die nöthigen Ausbesserungen der öffentlichen Gebäude veranstalten, und auch neue Gebäude aufführen lassen solten, wo es die Ehre der Ynkas und der Vortheil der Unterthanen zu erfodern schiene. Auch wurden von ihnen Kanäle, Wasserleitungen, öffentliche Wege, Brücken und Dämme angelegt. Er konnte sich indessen nicht entschliessen aus Cusko zu gehen; wo er seine Zeit darauf wendete, die Festtage der Sonne zu feyern und seinen Unterthanen Recht zu sprechen.

Einsmals aber, als er es am wenigsten vermuthete, an einem Mittage, trat der verbannte Prinz in seinen Pallast. Er war ganz allein, und ließ seinem Vater sagen, daß er eine besondere Botschaft an ihn auszurichten hätte. Der Ynka gerieth in einen grossen

Drittes Buch.

grossen Zorn, und ließ ihm entbieten: Er solle augenblicklich an den Ort, in welchen er ihn verbannt hätte, zurück kehren; auserdem würde er ihn als Einen, der den Befehlen seines Königes ungehorsam gewesen, hinrichten lassen. Denn den königlichen Befehlen durfte sich niemand, auch in den geringsten Sachen nicht widersezzen. Der Prinz gab zur Antwort; Er sey nicht gekommen dem Gebote des Königes ungehorsam zu seyn; sondern, den Befehl eines andern Ynka auszurichten, der ein eben so grosser Herr sey, als sein Vater, und der ihn hersendete, ihm gewisse Dinge zu sagen, die für ihn sehr wichtig wären: Wenn er nun diese zu wissen verlangete, so solte er ihm die Erlaubniß geben, vor ihn zu kommen; auserdem würde er, ohne seine Botschaft auszurichten, wider zurück kehren, dem, welcher ihn abgeschickt hätte, Rechenschaft von seiner Verrichtung zu geben.

Der Ynka, erstaunt darüber, daß der Prinz sagte; er sey von einem eben so grossen

sen Herrn, als er selbst, an ihn abgeschickt worden, ließ ihn alsbald vor sich kommen; um zu erfahren, wo diese ausschweifenden Reden, wie er sagte, hinzielten, und wer wohl die Kühnheit hätte, sich seines eigenen Sohnes zu einer solchen Botschaft zu bedienen, ohne sich vor der Strafe, welche eine solche Verwegenheit verdiente, zu fürchten. Als der Prinz vor seinen Vater gebracht war, redete er folgendermaßen: "Herr, wisse, daß mir heute, ohngefehr um Mittag, als ich unter Einem der Felsen, welche in den Bezirk von Chita sind, wo ich deinen Befehlen zu Folge, die Heerden der Sonne wendete, ein Mann erschienen ist, (ich weiß nicht ob ich schlief, oder wachte,) welcher auf eine sonderbare Art gekleidet war und an Gestalt ganz anders aussahe, als wir. Denn er hatte einen grossen Bart, trug einen Rock, welcher ihm bis auf die Füsse herunter ging und führte ein Thier, welches mir gänzlich unbekannt ist, an einem Riemen. Dieser Mann kam bis zu mir, und sagte: Mein Vetter, ich bin ein Sohn der

Drittes Buch.

er Sonne, und ein Bruder des Ynka
Nanko Capak und der Coya Mama Oello
huako, seiner Gemalin und Schwester, eue=
r ersten Stammeltern: Mein Name ist,
Birakocha Ynka. Ich komme hierher im
Namen der Sonne unsers Vaters, um Dir
ne sehr wichtige Nachricht zu geben, damit
u sie dem Ynka, meinem Bruder hinter=
ringest. Die meisten Völker in dem Bezirk
hinkasuyu, so wohl die, welche deinem Va=
r gehorchen, als auch die, welche ihm nicht
nterworfen sind, haben einen Aufstand ge=
acht und die Waffen ergriffen, um ihn
om Throne zu stürzen, und Cusko, die
auptstadt eueres Reichs gänzlich zu zerstö=
en. Gehe also hin zu dem Ynka, meinem
Bruder, und sage ihm, von meinetwegen;
r solle einem so grossen Unglück vorzukom=
en suchen, und bey Zeiten die nöthigen
Mittel anwenden. Was Dich betrifft; wisse
aß ich Dich, in was für Bedrängniß oder
Gefahr Du auch künftig kommen magst,
iemals verlassen, sondern Dir, als einer
Person, die von meinem eigenen Fleisch und
Blute

Blute ist, in jeder Widerwärtigkeit beystehen werde. Fürchte Dich nicht, eine jede Sache, die Dir vorkommen wird, sie sey auch noch so wichtig, wenn sie nur der Majestät deiner Herkunft und der Hoheit deines Reichs gemäß ist, herzhaft zu unternehmen. Ich werde Dich allezeit begünstigen, daß Du sie kannst zu Stande bringen; ich werde Dich ohne Unterlaß vertheidigen, und Dir alle Hülfe verschaffen, die Du nöthig hast. Als Ynka Virakocha diese Rede geendiget hatte verschwand er, ohne sich mir weiter zu zeigen. Ich habe mich ohne Verzug auf den Weg begeben, um Dir von dem, was ich Dir in seinem Namen sagen solte, Nachricht zu geben." Hier schwieg der Prinz.

Siebentes Kapitel.
Berathschlagung der Ynkas über diese Erscheinung und Entschluß des Ynka Yahuarhuakak.

Der Ynka Yahuarhuakak war wider seinen Sohn so aufgebracht, daß er, anstatt

statt seinen Worten Glauben beyzumessen, ihm zur Antwort gab; "Er sey ein ausschweifender Betrüger; Sein hochmüthiges Herz habe ihm eingegeben, diese, von ihm selbst erfundenen, Erdichtungen unverschämter Weise für Offenbarungen seines Vaters, der Sonne, auszugeben: Er solle nur augenblicklich nach Chita zurück kehren, und diesen Ort niemals wieder verlassen, wenn er nicht die Wirkungen seines gerechten Zorns empfinden wolle." Der Prinz, gegen den sein Vater mehr als jemals ungnädig war, ging wieder nach Chita, und verrichtete das Amt eines Hirten, wie vorher. Allein die nächsten Anverwandten des Ynka, seine Onkel und seine Brüder, welche bey der Rede des Prinzen zugegen gewesen waren, und immer um den Ynka zu seyn pflegten, machten sich, wegen der Nachricht, welche der Prinz gegeben hatte, mancherley ängstliche Vorstellungen: Sie waren zu abergläubig, zumal in Ansehung der Träume, um nicht unruhig über diese Erzählung zu seyn. Sie sagten zum Ynka, ohne seiner Meinung zu schmei-

schmeicheln; "Er müsse die Nachricht, welche ihm der Ynka Virakocha geben liesse, nicht verachten: Es sey nicht wahrscheinlich, daß der Prinz dieses alles erfunden und ohne sich vor den Strafen der Sonne zu fürchten, es fälschlich für ihren Befehl ausgegeben habe: Es wäre eine Lästerung, solche Dinge nur zu erdenken, geschweige denn, sie dem Könige zu sagen: Es würde folglich gut seyn, die Worte des Prinzen auf das genaueste zu untersuchen, der Sonne Opfer zu bringen, die Wahrsager zu befragen und zu sehen, ob die Vorbedeutungen Etwas Gutes oder Böses anzeigten. Alsdann müsse man mit gehöriger Sorgfalt die Anstalten machen und die Befehle geben, welche ein so wichtiger Vorfall erfoderte; Betrüge sich der Ynka anders, so würde er einen Mangel der Achtung gegen die Sonne, welche ihm diese Warnung habe angedeihen lassen, zeigen und ohne Zweifel ihnen insgesammt den Untergang zuziehen."

Der Haß des Ynka gegen seinen Sohn war so groß, daß er, anstatt dem Rathe seiner

einer nächsten Anverwandten zu folgen, ih=
en zur Antwort gab: "Man müſſe die Re=
en eines Unſinnigen keiner Achtung würdi=
en, welcher, anſtatt ſeine Fehler und ſein
öſes Herz zu beſſern, und ſich der Liebe ſei=
es Vaters würdig zu machen, käme, und
nverſchämte Erdichtungen vorbrächte, wegen
elcher er werth wäre enterbt zu werden.
r hoffe auch dieſes in kurzer Zeit zu thun,
nd an ſeine Stelle denjenigen zum Erben
ines Reichs zu ernennen, welcher durch
ine Redlichkeit und Sanftmuth ſich als ei=
n ächten Nachahmer ſeiner Vorfahren be=
ieſe, und des rühmlichen Tittels eines Soh=
s der Sonne würdig machte." Er ſezte
nzu: "Es ſey nicht vernünftig, zuzulaſſen,
ß ein Raſender, welcher nur ſeinem Zorne
d ſeiner Rache Gehör gäbe, durch ſeine
nmenſchlichkeit alles das wieder vernichtete,
s die andern Ynkas durch ihre Sanft=
uth und Güte zum Beſten und der
ergröſſerung ihres Reichs gethan hät=
. Es wäre von gröſſerer Wichtigkeit
rauf zu ſehen und den Uebeln zuvor zu

I. Theil.   R   kommen,

kommen, welche daraus entstehen könnten, als auf die tollen Reden eines Wüthenden zu achten. Seine eigenen Worte gäben seine Unverschämtheit zu erkennen, da er sich unterstanden hätte zu sagen, seine Botschaft käme von einem Sohne der Sonne. Er verdiene das Leben zu verliehren, weil er aus einem Orte, wohin er, durch seinen Befehl verbannt gewesen, sich entfernt hätte." Er schloß endlich damit, daß er ihnen anbefahl; nicht mehr von dieser Sache mit ihm zu reden, sondern sie vielmehr in eine ewige Vergessenheit zu vergraben. Denn man könne ihm keinen grössern Verdruß erwecken, als wenn man ihm einen so ungeratheneen Sohn erwähnte, in Ansehung dessen er schon seine Entschliessung würde zu fassen wissen.

Da die Ynkas sahen, daß ihr Rath dem Könige mißfiel so befolgten sie diesen Befehl, und redeten nicht mehr von dieser wunderbaren Erscheinung, ob ihre Herzen gleich in beständiger Unruhe waren, und irgend einen unglücklichen Vorfall befürchteten

Drittes Buch.

en. Denn diese Amerikaner waren, wie ich chon angezeigt habe, sehr abergläubig: insbesondere achteten sie sehr auf Träume, vorzüglich wenn sie den König, den Erbprinzen, oder den obersten Priester betrafen; die sie nsgesammt als Götter verehrten und für hre größten Orakel ansahen. Daher befragen sie ihre Wahrsager auch um ihre Träume, um sie ihnen auszulegen; Ja sie gingen) weit, daß sie, wenn die Ynkas ihnen icht erzählen wolten, was sie geträumt hatn, eine öffentliche Anzeige deßwegen thaten.

Achtes Kapitel.
Aufstand der Chankas.

Drey Monate nach dem Traume des Prinzen Ynka Virakocha (denn seitdem : diese Erscheinung gesehen hatte, nennte ian ihn beständig so.) erhielt man Nachcht, wiewohl mit ziemlicher Ungewißheit erknüpft, daß die Provinzen in Chinkasuyu, nseit Atahualla, welches vierzig Meilen on Cusko ist, in einem Aufstande begriffen ären. Dieses Gerücht breitete sich anfangs

R 2 unter

unter der Hand auf eine verworrene Art, wie gewöhnlich aus, ohne daß man den Urheber davon erfuhr. Ob dieses nun gleich den Traum des Prinzen zu bestätigen schien; so verachtete es der König doch, und hielte es für eine Erdichtung, wodurch man das Andenken jener Erscheinung zu erneuern suchte. Indessen hörte man einige Tage darnach diese Nachricht von neuem; dennoch zog sie der Ynka in Zweifel, weil er sich vorgesezt hatte, sie nicht zu glauben und weil die Aufrührer auch in der That alle Mittel angewendet hatten, daß der Bericht von ihrer Unternehmung nicht eher, als sie selbst, nach Cusko kommen möchte. Aber kurze Zeit darauf erfuhr man in der Hauptstadt mit allen Umständen, daß die Völker, welche unter dem allgemeinen Namen Chankas begriffen wurden, die Villkas, Hanko-Huallus, Utunsullas, Uramarkas und andere mehr, die Statthalter und Diener, welche der König über sie gesezt, getödtet und einen Aufstand erregt hätten; nun aber kämen sie mit einem Heere von beynahe 40000 Mann, um Cusko zu zerstören. Dieses waren eben die Völker, von welchen wir oben gesagt haben, daß sie sich dem Ynka mehr aus Furcht vor seiner Macht, als aus Neigung zu seiner wohlthätigen Regierung und zu seinen billigen Gesezzen, unterworfen hätten. Sie behielten seit der Zeit beständig einen geheimen Widerwillen und eine Rachgier gegen die Ynkas und warteten nur auf eine gute Gelegenheit, sie ausbrechen zu lassen. Unter der Regierung des Ynka Yahuarhuakak fanden sie die Umstände dazu sehr günstig. Sie wußten, daß er in allen wichtigen Dingen sehr unschlüßig war; daß er sich vor seinem eigenen Namen fürchtete und daß ihn das Betragen seines ältesten Sohnes in große Verwirrung sezte. Sie versammelten sich also von allen Seiten, entschlossen den Ynka bald und so geheim, als es nur möglich wäre zu überfallen. Sie zogen, durch grosse Versprechen, alle benachtbarte Völker in diese Verbindung, und brachten ein Heer von mehr als dreyßigtausend Mann zusammen; mit diesem eilten sie in grossen Tagereisen auf

Cus-

Cusko zu. Drey Brüder, Curakas von drey grossen Landschaften der Chankas, waren Urheber dieses Aufstandes. Der Erste nennte sich Hanko-Huallu, dieser war das Haupt der Chankas und wurde zum Feldherrn des Heeres ernennt; der Zweyte hieß Temay Huaraka, und der Dritte Aſtu Huaraka; diese beyden kommandierten unter Jenem.

Neuntes Kapitel.
Der Ynka verläßt die Stadt Cusko; der Prinz Virakocha beschüzt sie.

Niemals befand sich der Ynka Yahuarhuakak in einem solchen Schrecken und Verwirrung, als bey der Nachricht von der Annäherung der Feinde. Er hatte nie geglaubt, daß sich eine solche Begebenheit zutragen könnte, weil noch niemals eine Landschaft, welche seine Vorfahren erobert, oder ein Volk, das sie bezwungen hatten, von Ynka Manko Capak an, bis auf ihn, aufrührisch worden war. Diese veste Ueberzeugung, nebst dem Hasse wider seinen Sohn er ihm dieses Unglück voraus gesagt, hatte ihn abgehalten, den empfangenen Nachrichten Glauben beyzumessen, oder, nach dem Rathe seiner Anverwandten, die nöthigen Anstalten dagegen zu machen. Die Folge davon war, daß er sich auser Stand sahe, sich den Feinden zu widersezzen; die Stadt hatte keine hinlängliche Besazzung um sich zu vertheidigen und ihm war keine Zeit übrig gelassen, Soldaten zusammen zu bringen. In dieser äusersten Noth beschloß er, der Wuth der Aufrührer zu weichen, sich nach Collasuyu zurück zu ziehen, und da Beystand zu erwarten. Hier verließ er sich auf die Treue der Einwohner und hoffte auser Gefahr zu seyn. Er verließ also in dieser Absicht Cusko unter der Begleitung von wenigen Ynkas und sezte seinen Weg fort bis nach Muyna; welches ohngefehr fünf Meilen von der Hauptstadt, gegen Süden, liegt. Hier machte er Halte, um die Absicht der Feinde, und den Weg, welchen sie nehmen würden, zu beobachten.

Die Stadt Cusko befand sich indessen, durch die Abwesenheit ihres Königes, ganz verlassen. Es war kein Haupt, kein Anführer, kein Statthalter da, der es gewagt hätte, Etwas anzuordnen, oder zu unternehmen. Die Einwohner flohen an verschiedene Oerter, wo sie vor den Uebeln, die ihnen droheten, in Sicherheit zu seyn glaubten. Einige trafen auf ihrer Flucht den Prinz Virakocha an und benachrichtigten ihn, von dem Aufstande der Einwohner von Chinkasuyu und der Flucht des Ynka, seines Vaters nach Collasuyu.

Dem Prinz ging es sehr zu Herzen zu hören, daß die Stadt Cusko, durch den Rückzug seines Vaters, den Feinden solte überlassen seyn. Er schickte alsbald diejenigen selbst, die ihm diese Nachricht gebracht hatten, nebst einigen Hirten, bey denen er zeither gelebt hatte, dahin ab, um sowohl den Einwohnern, als auch allen, die sie auf dem Wege antreffen würden, zu sagen; Sie solten Muth fassen und dem Ynka, ihrem Beherrscher, mit allen Waffen, deren sie

wür-

würden habhaft werden können, folgen; er werde ein gleiches thun, um deßwillen solten sie diesen Befehl allen mittheilen und so weit ausbreiten, als sie nur könnten. Hierauf eilte er seinem Vater, so geschwind er nur vermochte, nach, ohne in die Stadt zu gehen, und kam in kurzer Zeit in Muyna, welches er noch nicht verlassen hatte, zu ihm. Mit Schweiß und Staub bedeckt, mit einer Lanze, die er unterweges bekommen hatte, in der Hand, trat er vor ihn, und redete ihn, mit einer ernsthaften und traurigen Miene, also an:

"O König! Beherrscher dieses Reichs! ist es möglich, daß Du auf die blosse Nachricht von dem Aufstande einiger Unterthanen, Deine Stadt und Dein Haus verlassen hast und vor Feinden fliehest, die Deine Augen noch nicht gesehen haben? Wie kannst Du zugeben, daß das Hauß Deines Vaters, der Sonne, ohne Hülfe bleibet und in Gefahr ist, von diesen Feinden verwüstet zu werden? Kannst Du Dich entschliessen, zuzulassen, daß sie ihre Füsse hinein sezzen, und unter

Erneuerung der Abscheulichkeiten, die unsere berühmten Vorfahren abgethan haben, Männer, Weiber und Kinder unmenschlich opfern und an diesem heiligen Orte abscheuliche Greuel und ungewöhnliche Grausamkeiten begehen? Wenn dieses so ist, was für Rechenschaft werden wir von den heiligen Jungfrauen, welche dem Dienste der Sonne in ihrem Tempel geweihet sind, ablegen können? Wie werden sie die unverlezliche Jungfrauschaft, die sie ihr gelobet haben, bewahren, wenn wir sie so unwürdig den viehischen Anfällen der Feinde bloß stellen, welche aus ihnen machen werden was sie wollen? Welche Ehre werden wir davon haben, daß wir bloß aus Begierde, unser Leben zu verlängern, niederträchtiger Weise, diese Unordnungen und Unglücksfälle zugelassen haben? Doch es mag dieses zugeben wer da will; was mich betrifft, ich will von Stunde an den Feinden entgegen gehen, und mich eher von ihnen in Stücken zerhauen lassen, als zugeben, daß sie einen Fuß in **Cusko** sezzen. Ich verlange nicht ein Zuschauer der

Abscheu=

Abscheulichkeiten und schimpflichen Ausgelassenheiten zu seyn, welche diese Barbaren in der Hauptstadt dieses Reichs, welche von der Sonne und ihren Kindern erbauet ist, ausüben werden. Wer Lust hat folge mir; kann ich die Feinde nicht zurück treiben; so will ich doch denen, die mir folgen, zeigen, wie man einen rühmlichen Tod einem schimpflichen Leben vorziehen muß."

Nachdem der Prinz diese Worte, mit grossen Zeichen der Betrübniß, gesagt hatte, begab er sich eilig wieder auf den Weg nach Cusko, ohne das Geringste zu essen, oder zu trinken. Die Ynkas von königlichem Geblüte, welche den König nach Muyna begleitet hatten, fingen hierauf an wieder Muth zu schöpfen und folgten dem Prinz, viertausend an der Zahl. Niemand als die Alten und zum Kriege untüchtigen, blieben bey dem Könige, ihm Gesellschaft zu leisten. Sie machten, daß eine Menge Leute, welche aus der Stadt fliehen wolten, wieder umkehrten, indem sie ihnen sagten; daß der Prinz Ynka Virakocha die Stadt und das

Hauß

Hauß der Sonne vertheidigen wolle. Die Einwohner waren hierüber so erfreut, daß alle, welche die Waffen tragen konnten, den Prinz aufsuchten und beschlossen, eher zu sterben, als ihn zu verlassen.

Indessen befahl der Prinz, daß die Mannschaft, welche sich von allen Seiten versammelte, ihm eilig folgen solte: Er selbst ging mit seinen Ynkas voraus und nahm den Weg von Chinkasuyu, auf welchem die Feinde anrückten, um sich zwischen sie und die Stadt zu sezzen. Dieses schien er aber nicht sowohl in der Hoffnung zu thun, daß er sie werde zurück treiben können; denn sein Heer war hierzu noch viel zu schwach; sondern nur um als ein tapferer Mann fechtend zu sterben, ehe die Feinde in die Stadt bringen, ihre Grausamkeiten darinne ausüben und den Tempel der Sonne verunreinigen könnten. Dieses schien sein größter Verdruß zu seyn.

Zehntes Kapitel.

Der Ynka Virakocha bekömmt Nachricht, daß sich der Feind nahet, zugleich erhält er einen Beystand von zwanzigtausend Mann.

Nachdem der Ynka Virakocha seinen Vater zu Muyna verlassen hatte, ging er gerade nach Cusko, und versammelte unterweges alle, die die Furcht auf dem Lande zerstreuet hatte. Mit dieser Verstärkung rückte er, wie wir gesagt haben, dem Feinde entgegen, entschlossen lieber zu sterben, als den Untergang der Hauptstadt seines Reichs zu sehen. Er machte in einer grossen Ebene, eine halbe Stunde von Cusko gegen Norden Halte, um hier diejenigen zu erwarten, welche sich noch aus der Stadt und von der Flucht zu ihm sammeln würden. Diese rückkehrenden Flüchtlinge, nebst denen, die er von Muyna mitgebracht hatte, machten einen Haufen von ohngefehr achttausend Mann aus; alle bereit ihr Leben in seiner Vertheidigung zu lassen. Er erfuhr nunmehr, daß die Feinde nur noch neun

oder

ober zehn Meilen von der Stadt wären, und schon über den grossen Fluß Apurimak gingen. Am folgenden Tage nach dieser schlimmen Nachricht, bekam er die erfreuliche, daß ein Heer von zwanzigtausend Mann zu seinem Beystande aus Cuntisuyu anrückte. Es bestand aus Truppen von den Quechuas, Cotatampas, Cotaneras, Amaras und andern Völkern, welche an den Gränzen der aufrührischen Landschaften gränzten, und eilte zu seinem Beystande herbey.

So sehr die Feinde sich auch bemühet hatten, ihre Verrätherey geheim zu halten, so war sie doch von den Quechuas, ihren Todtfeinden, entdeckt worden. Allein die Zeit schien ihnen zu kurz, um dem Ynka davon Nachricht zu geben, und seine Befehle zu erwarten. Ohne also auf diese zu warten, bewaffneten sich alle, die zum Kriege tüchtig waren, und wendeten alle Geschwindigkeit, die in einem so dringenden Falle erfodert wird, an. Diese Truppen gingen geraden Weges nach Cusko, mit dem Vorsazze, diese Stadt zu beschüzzen,

oder

oder mit ihrem Könige zu sterben. Wir haben schon gesehen, daß sich diese Völker dem Ynka Capak Yupanqui freywillig unterworfen hatten; die Begierde ihren Eifer für das gemeine Beste an den Tag zu legen, die Erwägung ihres eigenen Vortheils und die Furcht noch einmal unter die tyrannische Herrschaft der Chankas zu fallen, bewegte die Quechuas sich auf eine so auserordentliche Art anzugreifen. Um zu verhindern daß die Feinde nicht zuerst nach Cusko kämen, nahmen sie einen kürzern aber beschwerlichern Weg; aber beyde Heere naheten sich der Hauptstadt zu gleicher Zeit.

Indessen faßte der Ynka Virakocha und alle seine Soldaten neuen Muth, als sie hörten, daß sie in ihrer äusersten Noth einen so unvermutheten Beystand bekämen. Der Prinz sahe diese Begebenheit als eine Erfüllung des Versprechens an, welches ihm sein Onkel Virakocha gethan hatte. Er wiederholte die Worte verschiedenemal, welche er, bey seiner Erscheinung, zu ihm gesagt hatte, und ermahnte seine Soldaten, gutes

Muthes

zu seyn, weil sie den Gott Virakocha auf ihrer Seite hätten und sähen, daß sein Versprechen in Erfüllung ginge. Die Ynkas wurden durch diese Worte so voller Zuversicht, daß sie den Sieg für gewiß hielten. Sie beschlossen also, sich in ihrem Lager durch Ruhe zu erholen und vesten Fusses die Feinde zu erwarten. Auserdem hielt auch Ynka Virakocha und seine Rathgeber, die alle von königlichem Geblüte waren, um deßwillen für gut, sich nicht von der Stadt zu entfernen, weil sie ihr da, wo sie waren, am ersten zur Hülfe kommen und auch am leichtesten die nöthigsten Lebensmittel aus ihr ziehen konnten. Der Ynka erwartete die Hülfstruppen mit vieler Ungedult; endlich langeten sie an; sie bestanden aus zwölftausend Kriegsleuten, welche der Prinz mit den größten Zeichen der Gnade und des Wohlwollens empfing. Vornemlich erwieß er den Curakas und den Anführern viel Freundschaftsbezeugungen und lobte ihre Treue sehr; er versprach auch den Soldaten, diesen besondern Dienst, zu einer Zeit, da er

ihn

ihn so dringend bedürfte, nie zu vergessen, sondern auf eine eben so auserordentliche Art zu belohnen.

Nachdem die Curakas sich vor dem Ynka Virakocha niedergeworfen, und ihm ihre Ehrerbietung erwiesen hatten; sagten sie ihm, daß sie fünftausend Mann, zwey Tagereisen hinter sich gelassen hätten, um selbst desto eher zu seinem Beystande herbey zu eilen. Der Prinz dankte ihnen nochmals für ihre Hülfe und für ihre Eilfertigkeit; er hielt hierauf Kriegsrath und befahl den Curakas, einige zuverläßige Leute abzuschicken, um den noch heranrückenden fünftausend Mann von allem, was hier vorginge Nachricht zu geben: Sie solten ihnen sagen, daß er sie mit seiner Armee hier erwarte; sie solten eilen um bis hinter gewisse Anhöhen die in der Nähe lägen, zu kommen; dort solten sie im Hinterhalte bleiben und den Feind beobachten; und sobald dieser eine Schlacht wagte, ihn von hinten zu angreifen; auserdem aber solten sie sich stille halten. Zwey Tage darnach sahe der Ynka

I. Theil.   S   die

die Vortruppen der Feinde auf der Höhe von Rimaktampu. Sie rückten immer näher heran, bis Saksahuanna, einen Ort, der noch viertehalb Meilen von dem Lager des Prinzen entfernt war. Hier versammelte sich ihr ganzes Heer.

Eilftes Kapitel.
Ynka Virakocha überwindet die Chankas in einem sehr blutigen Treffen.

Der Ynka Virakocha schickte für das Erste, sobald er die Feinde im Angesichte hatte, eine Botschaft an sie ab, um ihnen Verzeihung und Friede anzubieten, wenn sie sich wieder ruhig nach ihren Wohnungen begeben und zu ihrer Pflicht zurück kehren wolten. Aber die Chankas, ob sie gleich benachrichtiget waren, daß der Prinz Virakocha, nach seines Vaters Flucht, ein Heer zusammen gebracht, und sich vorgesezt habe, die Hauptstadt zu vertheidigen; zeigten doch nicht die geringste Furcht: Sie glaubten keine Ursache zu haben sich vor einem jungen verwegenen Prinzen zu fürchten, da der Vater es für unmöglich gehalten hätte, sein

Land

Land zu vertheidigen. Sie trieben also ihren Stolz so weit, daß sie die Botschafter des Prinzen gar nicht anhörten, sondern sie zwangen, sich gleich wieder zurück zu begeben. Am folgenden Tage verliessen sie sehr früh Saksahuanna und gingen gerade auf Cusko los. Weil sie es aber für nöthig hielten, in Schlachtordnung fortzurücken, so langeten sie erst mit Sonnenuntergang an dem Orte an, wo der Prinz stand. Der Prinz nahm daher Gelegenheit von neuem eine Botschaft an sie abzuschicken, und ihnen nochmals Friede und Verzeihung anbieten zu lassen. Allein dieses hatte keinen Nuzzen; die Chankas antworteten mit Verachtung: Morgen wollen wir sehen, welchem es zukömmt König zu seyn und den Andern zu verzeihen. Die Feinde hatten sich schon gelagert, und sowohl der Ynka Virakocha, als auch die Chankas stellten diese Nacht die nöthigen Schildwachten aus.

Am folgenden Tage, als die Sonne kaum ihre ersten Strahlen zeigte, sezten sich

bey=

beyde Armeen, unter dem Geräusche ihrer Kriegsinstrumente und einem lauten Feldgeschrey, in Marsch. Der Ynka Virakocha stellte sich an die Spizze seiner Leute, und war der Erste, welcher die Feinde angrif. Die Ynkas folgten ihm, und wendeten alles an, sowohl ihren Prinz aus der Gefahr zu retten, als auch die Schande, überwunden zu werden, zu vermeiden. Die Chankas zeigten ihrer Seits, daß sie nicht ohne Grund auf ihre Tapferkeit und ihre Anzahl stolz gewesen, und daß sie nicht bis in das Herz des Reiches der Ynkas gedrungen, um unverrichteter Sache wieder zurück zu gehen. Man schlug sich mit einer erstaunenden Herzhaftigkeit; das Mezzeln währte bis zu Mittag, ohne daß sich der Sieg auf Eine Seite zu neigen schien. Um diese Zeit fielen die fünftausend Mann, welche im Hinterhalte stunden, auf den rechten Flügel der Feinde und nöthigten ihn, sich einige Schritte zurück zu ziehen. Aber durch das Zureden ihrer Anführer beschämt, daß sie einen beynahe erfochtenen Sieg aus den Hän=

Händen wolten entschlüpfen lassen, wendeten sie von neuem alle Kräfte an, und drungen wieder so weit vor, als man sie genöthiget hatte zurück zu weichen.

Nach diesem zweeten Angriffe dauerte das Treffen noch zwo Stunden, mit gleichem Vortheile auf beyden Seiten. Allein so wie die Anzahl der Chankas nach und nach abnahm; so bekam hingegen der Ynka von Zeit zu Zeit, durch die Flüchtlinge aus Cusko und von den benachtbarten Städten, neue Verstärkung. Da sich die Nachricht ausbreitete, daß der Ynka Virakocha zur Vertheidigung des Tempels der Sonne und der heiligen Jungfrauen, stritte; so versammelten sich Haufen von funfzig und von hundert Mann und kamen und stürzten sich mit solcher Wuth und einem solchen Geschrey in die Schlacht, daß ihrer viel mehr zu seyn schienen, als würklich waren. Nunmehr stritten die Chankas vielmehr wie Verzweifelte, als mit einer wahren Tapferkeit. Der Prinz Ynka Virakocha hatte seinen

seinen Anverwandten, den andern Ynkas befohlen, dem Gotte, welcher ihm unter dem Namen Virakocha erschienen war und gewissen Beystand versprochen hatte, mit dem Namen Sutzio anzurufen. Dieses Wort wiederholten sie während dem Treffen beständig und munterten Einander damit auf. Die Zuversicht, mit welcher sie sich auf die Hülfe des Sutzio verliessen gab ihnen neue Kräfte und da sie merkten, daß die Feinde, ohngeachtet ihrer Wuth, ermatteten und schwächer würden, gingen sie so heftig auf sie loß, daß sie ihre Schlachtordnung trennten, eine grosse Anzahl tödteten und sie endlich in die Flucht trieben. Der Prinz verfolgte die Chankas eine Zeitlang, bis sie endlich die Waffen hinweg warfen und sich für überwunden erkennten. Sobald er dieses sahe, ließ er zum Rückzuge blasen, um dem Blutbade ein Ende zu machen. Er durchstrich hierauf das ganze Schlachtfeld, ließ die Verwundeten verbinden, die Todten begraben, und sezte die Gefangenen in Freyheit, welchen er ihr Verbrechen, daß
sie

sie diesen Aufstand erregt hatten, vergab und sie nach Hause gehen ließ.

Die Einwohner des Landes erzählen, daß in dieser Schlacht, welche über acht Stunden gedauert, so vieles Blut sey vergossen worden, daß davon ein kleiner Bach angeschwollen sey, so, daß mehr Blut als Wasser darinne geflossen sey. Aus dieser Ursache hat auch diese Ebene seit dieser Zeit den Namen Yahuar-Pampa, das ist, Blut-Feld bekommen. Es blieben in diesem Treffen mehr als dreyßigtausend Menschen auf dem Platze; achttausend aus der Armee des Ynka und über vier und zwanzig tausend von den Chankas. Der Feldherr der Feinde, der Curaka Hanko-Huallu und seine beyden Brüder wurden gefangen: den Ersten, welcher schwer verwundet war, ließ der Prinz sorgfältig verbinden; alle drey aber hatte er bestimmt, seinen Einzug in Cusko zu verherrlichen.

Die Ynkas, welche, wie wir schon bey mehrern Gelegenheiten gesehen, die Kunst ihre Begebenheiten mit dem Wunderbaren zu erhöhen, gar wohl verstanden, machten auch bey diesem Vorfalle Gebrauch davon. Der beständige Zufluß von zurückkehrenden Flüchtlingen, wodurch die Armee des Ynka Virakocha, während dem Treffen verstärkt ward, wie wir oben gesagt haben, gab ihnen die schönste Materie dazu an die Hand. Sie sagten, daß die Sonne, erzürnt über das boshafte Unternehmen der Feinde, zur Unterstüzzung der Ynkas ihrer Kinder, und zur Vertheidigung ihres Tempels und der heiligen Jungfrauen, während dem Treffen, die Steine auf dem Schlachtfelde, in Menschen verwandelt und sie für den Ynka Virakocha habe streiten lassen. Das gemeine Volk dieses Reichs, und vorzüglich die Chankas selbst sind von diesem Wunder so gewiß überzeugt, daß sie nicht den geringsten Zweifel darüber hegen. Zum Beweise davon könnte ich ein Paar spanische Geschichtschreiber anführen, wenn es nöthig wäre. Diese sind; der Vater Hieronymus Romain, und der Vater Joseph von Akosta. Beyde erzählen in ihren Geschichten von Westindien

das,

das, was bey dieser grausamen Schlacht vorgegangen ist; wiewohl sie die Namen des Prinzen und der Könige unrichtig angeben; weil sie nicht von Jugend an, so gut als ich davon unterrichtet gewesen sind, und beyde versichern allgemeinen Glauben an dieses Wunder. Den Unterschied findet man nur bey dem Vater Akosta, daß er sagt: Der Virakocha habe dem Prinzen auch bärtige Menschen, die den Spaniern ähnlich gewesen wären, zu Hülfe geschickt; diese wären nach erhaltenem Siege wieder in Steine verwandelt worden. Die Soldaten des Prinzen hätten in den folgenden Zeiten solche Steine bey sich getragen, wenn sie ins Treffen gegangen wären: Durch die Tapferkeit, welche ihnen diese eingeflößt, hätte der Prinz in der Folge viele Schlachten gewonnen. Doch ich fahre in meiner Erzählung fort.

Einige Tage nach diesem blutigen Treffen mußte ein Onkel des Prinzen Virakocha dem gefangenen Hanko-Huallu und seinen Brüdern einen harten Verweiß geben, daß sie

sie die Verwegenheit gehabt, sich wider die Kinder der Sonne aufzulehnen und Krieg mit ihnen zu führen. "Sie hätten gesehen," fuhr er fort, "daß diese die Steine und Bäume selbst in Menschen verwandelt und sie für die Ihrigen habe streiten lassen. Sie würden es wieder sehen, wenn sie Gelegenheit dazu gäben." Er erzählte ihnen hierauf viele andere fabelhafte Wunder, welche zum Vortheil der Ynkas geschehen wären, und sagte endlich zu ihnen; "daß sie der Sonne Dank zu sagen hätten, welche wolte; daß ihre Kinder die andern Menschen gütig behandeln solten; um deßwillen schenke ihnen auch der Prinz das Leben und sezze sowohl sie, als die andern Curakas, welche am Aufruhre Theil genommen, wieder in ihre Würden ein; ob sie gleich nichts, als den Tod verdient hätten. Sie solten also künftig die Pflichten getreuer Unterthanen vollbringen, wenn sie nicht wolten, daß die Sonne sie strafte und der Erde befohle, sie lebendig zu verschlingen." Die Curakas erschracken über diese Drohung demüthigten sich vor

dem

dem Prinze, dankten ihm für die Gnade, und versprachen ihm beständig getreu zu seyn.

Nach Erhaltung dieses grossen Sieges, fertigte der Ynka Virakocha drey eilende Boten ab um davon Nachricht zu geben. Den Ersten an das Hauß der Sonne, um dieser Gottheit zu danken, daß er durch ihre Hülfe seine Feinde glücklich überwunden. Zugleich ließ er den Priestern zu wissen thun, daß diejenigen von ihrem Orden, welche die Flucht ergriffen, zurück kehren, und der Sonne neue Opfer bringen möchten. Den Zweyten Boten sendete er an die erwählten Jungfrauen der Sonne ab, um ihnen für den Beystand ihres Gebets zu danken; den Dritten schickte er an seinen Vater, ihm Nachricht von allem, was er gethan, zu geben und ihn zu bitten, an dem Orte, wo er izt wäre, zu verbleiben, bis er selbst zurück käme.

Zwölftes Kapitel.
Zurückkunft des Prinzen Virakocha in die Stadt Cusko und Unterredung mit seinem Vater, welchem er die Regierung nimmt.

Nachdem der Prinz diese Boten abgefertigt hatte, wählte er sich nur sechs bis siebentausend der besten Soldaten aus seiner Armee, die übrigen verabschiedete er, indem er zugleich den Curakas das Versprechen that, die guten Dienste, welche sie ihm gethan, zu rechter Zeit zu belohnen. Ueber die siebentausend Mann, die er bey sich behalten, sezte er zween Onkel zu Unterfeldherren und befahl ihnen, daß sie ihm folgen solten. Zween Tage nach dem Siege machte er sich mit seiner kleinen Armee auf den Weg nach dem Lande der Chankas, um durch seine Gegenwart die Ordnung bey diesem Volke wieder herzustellen, und sie von der Furcht zu befreyen, die ihnen das Bewußtseyn ihres Vergehens einflößen konnte. Er traf schon unterweges verschiedene von diesen Leuten an und gab alsbald Befehl,

Drittes Buch.

ehl, daß man die, welche verwundet waren,
erbinden solte. Die, welche schon zum
Gehorsam zurück gekehret waren, schickte er
in ihre Städte und Landschaften zurück und
befahl ihnen, ihre Landsleute seines Schutzes zu versichern. Nachdem er diese Maasregeln genommen, sezte er seinen Marsch
fort. Bey seiner Ankunft in der Landschaft
Antahualla gingen ihm die Weiber und Kinder mit Zweigen in den Händen entgegen,
und schrieen: "Einziger Herr, Sohn der
Sonne, Freund der Armen, habe Mitleiden mit uns und vergib uns!"

Der Prinz nahm sie sehr gnädig auf,
und ließ ihnen sagen; daß ihre Väter und
Männer an alle dem Unglück Schuld hätten, das ihnen begegnet wäre. Uebrigens
verziehe er allen Aufrührern von ganzem Herzen, und wäre nur hergekommen, um ihnen
eine allgemeine Vergessenheit alles Vergangenen anzukündigen. Hierauf befahl er, daß
man ihnen alles Nöthige verschaffen, und
mit aller Freundlichkeit begegnen solle. Insonderheit wendete er eine vorzügliche Sorge
auf

auf die Erhaltung der Witwen und Kinder derjenigen, welche in der Schlacht auf Ya-huar-Pampa geblieben waren.

In kurzer Zeit durchreisete er alle Provinzen, die sich aufgelehnt hatten; er ließ gute Statthalter darinne und legte Besazzung in einige veste Oerter, um sie im Fall der Noth zu vertheidigen. Nachdem dieses geschehen war, ging er gerade nach Cusko zurück, in welche Stadt er einen Mondenlauf nachdem er sie verlassen hatte, seinen Einzug hielt. Sowohl die Aufrührer, als auch Andere fürchteten sich vor einem allgemeinen Blutbade; Alle aber erstaunten, als sie so viele Zeichen der Gnade und Sanftmuth an diesem neuen Fürsten sahen. Sie schrieben diese Veränderung der Sonne zu, welche ihm befohlen hätte sein Leben zu ändern, und seinen Vorfahren nachzuahmen. Allein die Verbannung in welcher er so lange auf Befehl seines Vaters leben mußte; das Verlangen zu zeigen, daß er diese Begegnung nicht verdient und die Ruhmbegierde, waren

wohl

wohl die eigentlichen Bewegungsgründe, einer so grossen Veränderung.

Der Ynka Virakocha wolte bey seinem Einzuge in Cusko nicht getragen seyn, sondern zu Fusse gehen, um zu zeigen daß er izt mehr Soldat als König sey. Er ging zwischen seinen beyden Unterfeldherren, von seinen Kriegsleuten umgeben und die Gefangenen kamen hinter ihm her. Das ganze Volk empfing ihn mit lauten Zurufen und grossen Freudensbezeugungen. Die alten Ynkas gingen ihm entgegen, und nachdem sie ihn als den Sohn der Sonne angebetet, mischten sie sich unter seine Soldaten, um an der Ehre dieses Einzuges, nach einem so herrlichen Siege Theil zu nehmen. Sie sagten laut, daß sie nichts mehr wünschten, als jung zu seyn, um unter einem so tapfern Anführer zu fechten. Die Coya Mama Chicya, und seine nächsten Anverwandtinnen; das ist, seine Schwestern und seine Muhmen, begleitet von einer grossen Anzahl vornehmer Damen oder Pallas, empfingen ihn an einem andern Orte mit freudigen
Gesän=

Gesängen und Zeichen einer auserordentlichen Zufriedenheit. Einige umarmten ihn zärtlich, Andere wischten ihm den Schweiß vom Angesichte, wieder Andere bestreueten den Weg, welchen er gehen mußte, mit Blumen und wohlriechenden Kräutern. Er begab sich mit dieser Begleitung, in das Hauß der Sonne, in welches er, nach Landesgewohnheit mit blossen Füssen trat, und dankte seinem grossen Vater für das Glück, welches er ihm verliehen hatte. Als dieses geschehen, besuchte er die auserwählten Jungfrauen und endlich reisete er von Cusko ab, zu seinem Vater, welcher noch zu Muyna war, wo er ihn gelassen hatte.

Der Ynka Yahuarhuakak empfing seinen Sohn nicht mit aller der Freude, welche man, nach einem so grossen Siege, von ihm hätte vermuthen sollen. Er ging ihm mit einer ernsthaften Miene entgegen, welche mehr von Traurigkeit, als Zufriedenheit zeigte. Man konnte nicht errathen, ob er dieses aus Mißgunst, oder aus Scham über seine Feigheit, daß er seine Hauptstadt und den

den Tempel der Sonne dem Feinde Preiß gegeben, oder aus Furcht that, daß ihn sein Sohn des Reichs entsezzen möchte. Vielleicht beunruhigten ihn alle diese Leidenschaften zusammen und brachten diese Traurigkeit hervor.

Dem sey wie ihm wolle; diese Unterredung, welche öffentlich geschahe, dauerte nicht lange. Als sie aber mit einander alleine waren, sprachen sie sehr lange mit einander, ohne daß man erfahren hat, was der Innhalt ihres Gesprächs gewesen ist. Man muthmassete nur, daß sie mit einander gestritten hätten, welcher von Beyden König seyn solte, der Vater, oder der Sohn. Der Prinz bekräftigte diese Gedanken, indem er nicht zugab, daß sein Vater wieder nach Cusko käme, weil er diese Hauptstadt so feigherzig verlassen hatte. Der Ehrgeiz der Prinzen, welche nur zu herrschen wünschen, bedienet sich des geringsten Vorwandes. Dieser brauchte keinen grössern, um seinem Vater die Herrschaft zu nehmen, welcher sich dieser Staatsveränderung nicht widersezzen

I. Theil.   T   konnte,

konnte, da er gewiß versichert
Hauptstadt seines Reichs und
te gewiß auf seines Sohnes S
den. Um also einen bürgerlic
allen seinen Greueln zu vern
dieser unglückliche Vater in a
Sohn verlangete. Als dieser
troffen war, ließ der Prinz a
Bezirk von Muyna und Qu
nen prächtigen Pallast bauen,
te, der sowohl, als das gan
angenehm ist. Er vereinigte
nehmlichkeiten und Schönhei
sich nur einbilden kann. Es n
gehölze, Gärten, Teiche und
wohl das Vergnügen der Jag
scheren geniessen zu können.
der Strom Yukay, in welch
bene kleine Bäche ergiessen,
selbst vorbey, um sowohl zur
als auch zur Bequemlichkeit
dienen.

Sobald der Prinz Virako
zu diesem Pallaste hatte legen

er sich wieder nach Cusko. Hier legte er die gelbe Stirnbinde ab und nahm die rothe an; doch ließ er nicht zu, daß sein Vater die seinige ablegte: Er ließ ihn gerne dieses Zeichen des königlichen Ansehens, da er die Gewalt desselben besaß. Als das Gebäude fertig war, versahe der Prinz seinem Vater mit allem, was zur Nothwendigkeit und Annehmlichkeit des menschlichen Lebens gehört: Er gab ihm einen Hofstaat der seiner würdig war und eine grosse Anzahl Bedienten; so daß es schien, daß ihm auser der königlichen Gewalt, die ihm sein Sohn genommen hatte, nichts zu wünschen übrig sey. Dennoch hatte der Ynka Yahuarhuakak in dieser Einsamkeit, in welcher er seine übrigen Tage zubringen mußte, kein grosses Vergnügen. Eine finstere Traurigkeit, wozu er eine natürliche Neigung zu haben schien, nebst dem nagenden Andenken seiner verlohrnen Hoheit verließ ihn niemals und verkürzte die noch übrige Zeit seines elenden Lebens.

Dreyzehntes Kapitel.

Der Ynka Virakocha, achter König von Peru, lässet zu Ehren des ihm erschienenen Virakocha, welcher sich seinen Onkel nennete, einen Tempel bauen.

Wir haben schon bemerkt, daß die Peruaner ihren neuen Fürsten, seit dem Traume, oder der Erscheinung, die er gehabt hatte, beständig Virakocha Ynka oder Ynka Virakocha, welches einerley bedeutet, genennt haben. Man gab ihm diesen Namen, weil ihn diese Erscheinung sich selbst beygelegt hatte. Dieser Traum und der Sieg, welchen dieser Prinz über die Feinde des Reichs erfochten, verschafften ihm einen solchen Ruhm bey seinen Anverwandten und Unterthanen, daß er, als ein Gott angebetet wurde, und daß alle seine Befehle, als Götteraussprüche galten. Man behauptete, daß er von der Sonne zur Vertheidigung der Ynkas gesandt worden sey; damit ihre Familie unvergänglich wäre, und die Feinde nie die Stadt Cusko, den Tempel der Sonne

Sonne und das Hauß der auserwählten Jungfrauen zerstören möchten. Aus dieser Ursache hielten ihn die Peruaner für einen viel grössern Gott, als seine Vorfahren und bezeigten ihm auch eine viel grössere Verehrung. Er bemühete sich zwar anfangs, seine Unterthanen zu überreden, daß sie nur den Virakocha seinen Onkel anbeten möchten; endlich aber erlaubte er ihnen, daß sie beyde unter diesem Namen verehrten. Ja er erbauete endlich selbst, zu beyder Anbetung, einen Tempel. Ich will dieses Gebäude ein wenig umständlicher beschreiben; sowohl weil es an sich merkwürdig ist, als auch damit sich der Leser einen Begrif von der Bauart der Peruaner machen könne.

Der Tempel, den der Ynka Virakocha zum Andenken des ihm erschienen Gesichts, welches sich seinen Onkel Virakocha nennte, erbauete, wurde in der Stadt Cacha sechzehn Meilen von Cusko gegen Süden, von ihm aufgeführt. Der Ynka befahl daß man in diesem Gebäude die Beschaffenheit des

Ortes,

Ortes, wo er die Erscheinung gehabt hatte nachahmen solte. Er ließ eine kleine Kapelle, die mit Steinen bedeckt war, auf einem Uebersazze anbringen, welches man in diesem Lande noch nie gesehen hatte. Diese Kapelle solte die Grotte vorstellen in welcher er sich befand, als er den Traum, oder das Gesicht hatte. Uebrigens hatte das Stockwerk kein Dach.

Dieser Tempel war, aus sehr schön gehauenen Steinen, hundert und zwanzig Fuß lang und achtzig Fuß breit, erbauet. Seine vier Thüren waren gegen die vier Himmelsgegenden gerichtet; aber nur Eine von diesen Thüren wurde geöffnet; nemlich die, welche gegen Osten ging; die Andern dienten nur zur Uebereinstimmung des Gebäudes und Verschönerung der Wände. Um auf diesem Tempel einen obern Fußboden und ein Stockwerk erbauen zu können, bedienten sich die Peruaner, welche kein Gewölbe zu machen wußten, folgender Auskunft. Sie baueten inwendig Mauern, die anstatt der Trageballen dienten: sie waren drey

drey Fuß dicke und Eine von der Andern sieben Fuß entfernt; so daß sie zusammen zwölf enge Strassen, oder bedeckte Gänge ausmachten. Sie waren mit grossen, zehn Fuß langen, Steinen belegt. Bey dem Eintrit in den Tempel wendete man sich rechter Hand in den Ersten bedeckten Gang; am Ende derselben wendete man sich linker Hand, um in den Zweyten zu kommen; so ging es fort bis zu dem lezten, wo man eine Treppe fand, auf welcher man in die Höhe in das Stockwerk des Tempels steigen konnte. An den beyden Enden eines Jeden Ganges, war ein Fenster, wie ein Schießloch, wodurch das Licht hinein fiel. Unter jedem Fenster war eine Nische oder Blende in der Mauer, wo ein Pförtner sizzen konnte, ohne dem Hineingehenden im Wege zu seyn. Die Treppe war gedoppelt, und die oberste Stufe war gerade dem grossen Altare gegenüber. Der Fußboden des Stockwerks war mit viereckichten schwarzen Steinen gepflastert, welche so glänzend waren, als Agat; man hatte sie sehr weit herkommen lassen.

lassen. Auf der Seite, wo sich der grosse Altar befand, war an der Mauer eine Kapelle von zwölf Fuß ins Gevierte erbauet und mit eben solchen schwarzen Steinen, die gleich Schuppen auf einander lagen, bedeckt. In dieser Kapelle, wo die Mauer des Tempels am dicksten war, befand sich ein Tabernakel und in diesem auf einem grossen Piedestal die steinerne Bildsäule des Gottes Virakocha in eben der Bildung, wie er dem Ynka Virakocha erschienen war. Auf beyden Seiten dieser Kapelle sahe man zwey andere solche Gebäude, von eben der Grösse. Sie waren auch schön, aber ganz leer und dienten nur zur Verschönerung des Anblicks. Die Mauern des Tempels waren rund herum drey Ellen höher, als der Boden dieses Stockwerks; sie waren nicht mit Fenstern geziert, allein es lief ein Karnies von Stein, mit Bildhauerarbeit geziert an der ganzen Mauer herum. Dieses Stockwerk war oben offen und hatte kein Dach, wie ich schon gesagt habe: Es solte die Ebene von Chili; gleichwie die Kapelle, die Grotte vorstellen,

stellen, in welcher der Prinz geschlafen, als ihm Virakocha erschienen war.

Die Bildsäule dieses Gottes stellte einen grossen Mann vor, der einen halbellenlangen Bart und einen langen Rock hatte, der ihm bis auf die Füsse ging. Er führte an einer Kette ein sehr seltsames Thier von einer ganz unbekannten Gestalt, welches Klauen wie ein Löwe hatte. Dieses ganze Werk war von Stein. Der Ynka machte den Künstlern, die es verfertigten eine so deutliche Beschreibung von der Gestalt und dem Gesichte des ihm erschienenen Virakocha, als ihm möglich war; und da es ihnen dennoch schwer ward sich eine rechte Vorstellung davon zu machen, so kleidete er sich zu verschiedenen Malen so, wie er ihn gesehen zu haben glaubte und nahm eben dieselbe Stellung an, bis die Bildsäule die Miene und das Ansehen bekam, daß er damit zufrieden war.

Diese Bildsäule hatte viel Aehnlichkeit mit den Bildern, welche gewöhnlich den heiligen Bartholomäus vorstellen; welchen man

man gemeiniglich in der Stellung malet, als ob er den Teufel gefesselt hätte und unter die Füsse träte; gleichwie der Gott Virakocha vorgestellt war, daß er sein unbekanntes, mit Klauen versehenes Thier an einer Kette mit sich führte. Die ersten Spanier, welche in den folgenden Zeiten in diesen Tempel kamen hielten in der That dieses steinerne Bild für eine Vorstellung des heiligen Bartholomäus und glaubten, dieser Apostel sey bis in das entfernte Südamerika gedrungen, und habe den Einwohnern desselben das Evangelium geprediget. Aber sie wurden bald aus ihrem Irrthum gerissen, und schonten diesen herrlichen Tempel eben so wenig als die andern bewundernswerthen Gebäude, welche die guten Peruaner aufgeführet hatten. Sie glaubten in, oder unter seinen dicken Mauern Gold zu finden, und zerstörten also dieses vortreffliche Denkmal des Alterthums von Grund aus, ohne den geringsten Vortheil davon zu haben. Doch habe ich die Bildsäule des Gottes Virakocha, wiewohl sehr beschädiget, noch gesehen.

Da

Drittes Buch.

Da ich einmal der neuern Zeiten erwähnt habe; so will ich mir hier die Erlaubniß nehmen, noch Etwas merkwürdiges von der so oft erwähnten Erscheinung und den Spaniern zu sagen, welches vieles beytragen wird, die fast unbegreiflich leichte Art, womit die Spanier dieses Reich erobert haben, wahrscheinlich und verständlich zu machen.

Der Ynka Virakocha erzählte, daß die ihm erschienene Gestalt einen langen Bart gehabt, welchen man an den Amerikanern nie siehet, und auch ein langes Kleid, das bis auf die Erde herab gegangen, getragen habe; da die Kleider der Peruaner nur bis an die Kniee reichen. Als die Spanier im Reiche der Ynkas ankamen, und die Einwohner sahen, daß diese Fremdlinge auch lange Bärte hatten und über den ganzen Leib mit Kleidern bedeckt waren; so hielten sie sie auch für Götter und gaben ihnen den Namen Virakocha. Hierzu kam noch, daß gerade zu der Zeit, der König von Quito, der Tyrann Atahualpa unerhörte Grausamkeiten

keiten in Peru ausübte: er hatte den rechtmäßigen Ynka Huaskar ermorden laſſen; alle Ynkas, beyderley Geſchlechts, die er in ſeine Gewalt bekommen hatte, umgebracht und ging damit um, das ganze königliche Geſchlecht auszurotten. Die Spanier nahmen dieſen Tyrannen gefangen, und richteten ihn hin; dieſes machte, daß ſie von den Unterthanen der Ynkas noch mehr verehrt und für wahre Kinder der Sonne gehalten wurden; weil ſie das Reich eben ſo von der Gewaltthätigkeit des Atahualpa, wie Virakocha von der Grauſamkeit der Chankas befreyet hätten. Die Ehrerbietung der armen Peruaner gegen die Spanier ging alſo bis zur Anbetung; ſie unterſtunden ſich nicht einmal, ihr Leben gegen ſie zu vertheidigen, geſchweige denn Einen von ihnen zu verlezzen. Ein deutlicher Beweiß hiervon war die Reiſe, welche ſechs Spanier, unter welchen Ferdinand von Soto und Peter von Barko waren, nach der Gefangennehmung des Atahualpa, von Caſſamarka aus bis Cusko, um die Reichthümer und die

die Pracht dieser Stadt zu sehen, unternahmen. Sie legten diesen Weg von mehr als zweyhundert Meilen, nicht nur ohne den geringsten Anstoß zurück; sondern sie wurden auch sogar von den Peruanern auf Tragestühlen dahin gebracht und allenthalben Ynkas, und Söhne der Sonne genennt. Hätten sich die Spanier diese Hochachtung und Liebe zu Nuzze zu machen, und sie zu erhalten gewußt, so würden ihnen ohne Zweifel unendlich mehr Vortheile zugeflossen seyn, als sie durch ihre Grausamkeit und ihren Geiz erworben haben. Doch ich kehre wieder zu den glücklichern Zeiten des Ynka Virakocha zurück.

Dieser König war so sehr mit seinen Thaten zufrieden und so stolz der Gegenstand der Anbetung seines Volks zu seyn; daß er es nicht dabey bewenden ließ, diesen Tempel gebaut zu haben; er ließ noch ein anderes Denkmal verfertigen, welches ihm eben so sehr zum Ruhme, als seinem Vater zum Hohne gereichte. Doch sagen die Peruaner, daß er es nicht eher, als nach dieses

ses seinem Tode anfangen ließ. An eben dem Orte, wo dieser unglückliche Monarch Halte machte, nachdem er Cusko verlassen hatte, ließ der Ynka Virakocha, zween Vögel, welche die Peruaner Cuntur nennen, in Stein abbilden; der Eine hatte die Flügel zusammen gezogen und ließ den Kopf niederhängen, wie die Vögel gewöhnlich thun, wenn sie furchtsam sind, und sich verbergen wollen; sein Schnabel war nach der Gegend von Collasuyu und sein Schwanz nach Cusko zugekehrt. Der Andere sahe nach Cusko hin, sein Ansehen war stolz, seine Flügel waren ausgebreitet und seine Stellung war so, als wolte er fortfliegen, und auf eine Beute zu schiessen. Jener, sagten die Peruaner, stellte den Vater vor, welcher Cusko den Feinden überließ, und sich in Collasuyu zu verbergen suchte. Unter diesem aber habe der Ynka Virakocha sich abbilden wollen, indem er nach Cusko geeilt und die Vertheidigung der Stadt und des Reichs unternommen habe.

Vier-

Drittes Buch.

Vierzehntes Kapitel.

Belohnungen, welche der Ynka denen ertheilt, die ihm beygestanden hatten und Eroberung verschiedener Länder.

Sobald sich der Ynka Virakocha Herr eines so grossen Reichs, und von seinen Unterthanen geliebt sahe; so war seine erste Beschäftigung, alle seine Angelegenheiten in guten Stand zu sezzen, den Frieden und die Ruhe im Innern seines Reichs zu bevestigen, und das Glück seiner Unterthanen zu befördern. Er vergaß nicht, sobald er zur Regierung gekommen war, die guten Dienste derer zu belohnen, welche ihm in den vorigen Unruhen zu Hülfe gekommen waren. Er ertheilte ihnen allen besondere Gnaden- und Ehrenzeichen; vornemlich den Quechuas, Cotapampas und Cotaneras. Weil diese vorzüglich die Urheber gewesen waren, den Ynkas zu Hülfe zu kommen, so erlaubte er ihnen, sich die Haare Stufenweise abzuschneiden; die Schnüren um den Kopf, welche sie Llautu nennen, zu tragen; und sich die Ohren, wie die Ynkas zu durchstechen;

stechen; nur mit der Bedingung, daß das Loch in dem Ohrläppchen nicht so groß, als bey den Ynkas seyn durfte, sondern so wie es schon Ynka Manko Capak in Ansehung seiner ersten Unterthanen verordnet hatte. Er ertheilte auch den andern Völkern verschiedene Freyheiten, welche auch sehr vergnügt darüber waren.

Ynka Virakocha wendete nach diesem verschiedene Jahre dazu an, alle seine Länder zu besuchen, und die Völker waren sehr darüber erfreut, einen jungen Held zu sehen, von dem man so schöne Thaten erzählte. Nach seiner Zurückkunft in Cusko ließ er seinen Reichsrath zusammen kommen und es wurde beschlossen die Eroberung der grossen Landschaften Caranka, Ullaka, Lilpi und Chicha zu unternehmen. Der Ynka Virakocha zog zu diesem Ende dreyßigtausend Mann aus den Gegenden Collasuyu und Cuntisuyu zusammen, und gab ihnen einen von seinen Brüdern, Namens Pahuak Mayta, zum obersten Feldherrn. Dieser Name, welcher so viel bedeutet, als Einer welcher fliegt,

Drittes Buch.

fliegt, ward diesem Prinzen um deßwillen beygelegt, weil er Einer der behendesten und geschicktesten Männer seiner Zeit war. Viere der vornehmsten Ynkas wurden ihm zu Unterfeldherren und Rathgebern zugeordnet; Mit dieser Armee rückte der Prinz aus Cusko aus. Er traf auf seinem Wege verschiedene Haufen Kriegsleute an, diese vereinigte er mit seinem Heere und ging gerade auf die obenbenennten Landschaften loß. Zween Völker, welche in dieser Gegend wohnten, die Chichu und Amparu, beteten die grosse Reihe der mit Schnee bedeckten Geburge, welche unter dem Namen Antis bekannt sind, an. Es fielen einige leichte Gefechte zwischen den Ynkas und den Feinden vor; aber ein allgemeines Treffen wolten diese, so kriegerisch sie auch sonst sind, nicht wagen. Der grosse Ruf des Ynka Virakocha benahm ihnen den Muth so sehr, daß sie daran verzweifelten, daß sie würden Widerstand thun können. Auf diese Art unterwarf sich Ein Volk nach dem Andern und der Prinz Pahuak Mayta, welcher nichts übereilte und sich aller Vortheile zu bedienen

I. Theil.   U   wußte,

wußte, brachte die Eroberung aller dieser Landschaften innerhalb drey Jahren zu Stande. Er ließ Statthalter und Gesezverständige, welche die Leute unterrichten konnten in jeder Provinz und ging, mit seinem Heere nach Cusko zurück. Der Ynka empfing seinen Bruder und seine Onkels mit allen Zeichen der Freude und Erkenntlichkeit, welche sie verdienten und belohnte auch die andern Offiziere so, daß sie mit seiner Großmuth zufrieden waren.

Gegen drey Himmelsgegenden zu war es beynahe nicht mehr möglich die Gränzen des Reiches Peru zu erweitern. Gegen Osten, war es von den unersteiglichen Gebürgen Andes; gegen Süden von der Chilischen Wüste; und gegen Westen von dem grossen Südmeere eingeschlossen; Nur der Strich gegen Norden gab noch Gelegenheit zu neuen Eroberungen. Diese beschloß der Ynka Virakocha sich zu Nuzze zu machen. Er machte sein Vorhaben seinem Staatsrathe bekannt und gab Befehl, daß sich dreyßigtausend Mann in Bereitschaft hielten. Er selbst wolte der Anführer dieses

Hee=

Heeres seyn, aber er ernennte sechs der erfahrensten Ynkas zu seinen Unterfeldherren. Nachdem er alle nöthige Vorbereitungen zu einem so entfernten Feldzuge gemacht hatte, übergab er die Statthalterschaft von Cusko seinem Bruder, dem Ynka Pahuak Mayta und ging mit seinem Heere ab.

Er rückte zuerst in die Provinz Antahuaylla ein, welche von den Chankas bewohnt wird. Seit dem Aufstande, welchen dieses Volk gegen den Ynka Yahuarhuakak gemacht hat, sprechen die Ynkas niemals den Namen Chankas aus, ohne das Wort Aukas, das heißt Verräther, hinzu zu sezzen. Der Ynka Virakocha ward von den Chankas mit aller der Demuth und Unterthänigkeit aufgenommen, welche er von einem Volke, das eine aufrichtige Reue empfindet, erwarten konnte. Gerührt durch diese gute Aufnahme, bezeugte er sich sehr gnädig gegen sie, und vergaß nichts, was die Furcht vor der Strafe, die sie verdient hatten, aus ihren Gemüthern vertilgen konnte; er machte sogar den

Vornehmsten des Landes prächtige Geschenke. Er besuchte nach diesem die angränzenden Provinzen und nachdem er die nöthigen Befehle ertheilt, zog er seine Truppen aus den Erholungsquartieren wieder zusammen, um seinen Zug gegen die Völker, welche er bezwingen wolte, fortzusezzen. Die nächste Landschaft, welche man Huaytara nennte, war sehr volkreich, und ihre reichen und kriegerischen Einwohner waren mit bey dem Heere der Aufrührer gewesen. Dennoch ergaben sie sich bey der ersten Auffoderung des Ynka, ohne Bedingungen zu machen. Erschrocken über die wunderbaren Dinge, welche man ihnen von dem Treffen in dem Gefilde von Yahuar-Pampa erzählt hatte, gingen sie ihm mit vieler Demuth und Ehrerbietung entgegen. Der Ynka empfing sie sehr gnädig und freundlich und ließ ihnen sagen, daß es nur auf sie ankommen würde, in Friede und Ruhe zu leben. Von Huaytara ging er in eine andere Landschaft Namens Huamanka und sahe Sankaru, Parko, Pikuy, Akos und die meisten umliegenden Oerter. Alle Einwohner unterwarfen

fen sich ohne Anstand zu nehmen, und waren erfreut, die Unterthanen eines Fürsten zu seyn, von welchem man so viel gutes sagte, und den Jedermann zum Herrn zu haben wünschte. Nachdem er sich alle diese Provinzen unterwürfig gemacht, ließ er seine Armee aus einander gehen und war auf nichts, als das Glück seiner neuen Unterthanen bedacht.

Funfzehntes Kapitel.
Der Ynka Virakocha lässet einen grossen Kanal oder Wasserleitung, zum Besten des Landes, anlegen.

Unter andern Dingen welche dieser grosse König zum gemeinen Besten that, war auch dieses, daß er einen grossen Kanal graben ließ, der ohngefehr zwölf Fuß Tiefe hatte, und über hundert und zwanzig Meilen lang war. Er leitete die berühmten Quellen, welche auf der Höhe des Gebürges, zwischen Parku und Pikuy, entspringen, hinein; von hier erstreckte sich dieser Kanal bis an die Gränze von Rukana, um die Viehweyden in diesen grossen Einöden zu wässern, welche zwar
nur

nur achtzehn Meilen breit sind; deren Länge aber beynahe durch ganz Peru gehet.

Es gab noch einen andern Kanal, welcher beynahe den ganzen Bezirk Cuntisuyu durchläuft, und durch die höchsten Gebürge dieser Provinzen, in einer Länge von hundert und funfzig Meilen, bis an das Land der Quechuas gehet. Auch dieser ist zu eben dem Endzwecke, wie der Vorige angelegt; weil es diesen, am Viehe so reichen Gegenden, im Herbst, oft an Wasser fehlt. Im Reiche der Ynkas gab es verschiedene solche Kanäle; welche an Grösse der Unternehmung und an Nutzbarkeit, den berühmtesten Werken der alten Welt den Vorzug streitig machen. Ja, wenn man in Betrachtung ziehet, daß die Peruaner ohne ein eisernes oder stählernes Werkzeug zu haben, und ohne die Kunst, einen Bogen zu wölben, zu kennen, bloß mit ihren Armen und mit Hülfe grosser Steine, Felsen zerschlagen, Thäler ausgefüllt, Berge durchstochen, und diese Wasserleitungen, ohngeachtet aller Hindernisse eine so grosse Weite fortgeführet; so

muß

muß man gestehen, daß sie mehr Bewunderung, als selbst die Römer in dieser Art von Unternehmungen verdient haben. Sie bedeckten diese Kanäle mit grossen gehauenen Steinen, fügten diese mit Mörtel wohl zusammen und schütteten alsdann Erde darauf, damit das Vieh, welches an manchen Orten darüber ging, den Kanal nicht beschädigen möchte.

Ich habe diesen Kanal in der Provinz Quechua selbst gesehen; aber ich muß gestehen, daß es unmöglich ist, ihn vollkommen zu beschreiben, so groß auch immer die Vorstellung ist, welche man davon macht. Indessen haben sich die Spanier keine Mühe gegeben diese vortrefflichen Werke, welche in den bürgerlichen Kriegen sehr beschädiget worden sind, zu erhalten, es scheint vielmehr, daß sie sie mit Fleiß haben lassen zu Grunde gehen. Auch denen, welche das Wasser auf die Manzfelder führen, ist es nicht besser ergangen; sie sind unbrauchbar, bis auf einige Wenige, die man nicht entbehren kann.

Drittes Buch.

Sechzehntes Kapitel.
Der Ynka durchreiset sein Reich und empfänget Gesandschaften, welche ihn im Namen verschiedener Völker huldigen.

Nachdem der Ynka Virakocha alles, was zu der Unternehmung der grossen Wasserleitung, wovon wir gesagt haben, nöthig war, besorgt hatte; so begab er sich in die Abtheilung seines Reichs, welche man Cuntisuyu nennete; weil er abermal alle Provinzen desselben besuchen wolte. Zuerst ging er in die beyden vornehmsten Landschaften der Quechuas, deren Namen Cotapampa und Cotanera sind, und erzeigte ihnen aus Erkenntlichkeit für ihren Beystand abermals viele Gnade. Nach diesem durchzog er alle Provinzen von Cuntisuyu und that dem Verlangen der Völker, welche ihren König zu sehen wünschten, ein Gnüge.

Bey seiner Ankunft an jedem Orte erkundigte er sich mit der größten Genauigkeit, ob seine Statthalter und andere Obrigkeitliche Personen die Pflichten ihres Amtes gehörig

hörig erfülleten; und wenn er Einen fand, der ihnen nicht als ein ehrlicher Mann nachgekommen war, so ließ er ihn mit der größten Strenge strafen. Er pflegte zu sagen, daß böse Minister viel strafwürdiger wären, als Räuber; weil sie das königliche Ansehen mißbrauchten, welches ihnen zur Handhabung der Gerechtigkeit verliehen sey; und weil sie, anstatt den Unterthanen beyzustehen, sie vielmehr durch ihre Erpressungen unterdrückten, ohne für die Befehle des Ynka irgend einige Achtung zu haben. Nachdem er seine Reise durch Cuntisuyu geendiget hatte; ging er in den Bezirk von Collasuyu. Hier besuchte er auf eben die Art die vornehmsten Städte und bezeigte sich sowohl gegen die Einwohner überhaupt, als auch gegen die Curakas sehr gnädig und freygebig. Alsdann nahm er seinen Weg längst der Seeküste hin, bis nach Tarakapa.

Der Ynka befand sich in der Provinz Charkas, als Abgesandte aus der grossen Landschaft Tuema, welche die Spanier izt Tukumann nennen, zu ihm kamen. Dieses Land

Land liegt von Charkas zwohundert Meilen gegen Süd-Ost. Als sie sich dem Könige naheten, redete ihn Einer von ihnen folgendermassen an: "Capak Ynka Virakocha, das rühmliche Gerücht von den schönen Thaten der Ynkas, deiner Vorfahren, von ihrer bewundernswürdigen Redlichkeit, von ihrer beständig sich gleichen Gerechtigkeit, von der Güte ihrer Gesezze, von der Gelindigkeit ihrer Regierung, von der Vortrefflichkeit ihrer Religion, ihrer Sanftmuth, ihrer Gefälligkeit, ihrer Frömmigkeit und den grossen Wundern, welche Euer Vater, die Sonne noch vor kurzem für Dich gethan hat; das Gerücht, sage ich, von allen diesen Dingen, ist bis an die äusersten Ende unseres Landes, ja noch weiter erschollen. So seltene und auserordentliche Tugenden haben die Herzen der Curakas der ganzen Landschaft Tuema so gewonnen, daß sie uns abgeschickt haben, Dich zu bitten, daß Du sie unter deine Herrschaft nehmest und ihnen erlaubest deine Unterthanen zu seyn, damit sie an deiner Gnade Theil haben. Aus eben diesem Grunde de bitten wir Einwohner dieses Landes Dich insgesammt, mit dem größten Eifer, daß Du uns Ynkas aus deiner Verwandschaft gebest, welche mit uns gehen, uns in der rechten und guten Religion unterrichten, und uns die Ceremonien lehren, welche wir beobachten müssen. Zur Erkenntlichkeit für diese Gnadenbezeugungen, beten wir Dich als den Sohn der Sonne, im Namen unsers ganzen Volks an, wir erkennen Dich für unsern unumschränkten Oberherrn und übergeben Dir unsere Güter, uns selbst und alles was unser Land hervorbringt zum Zeichen daß wir Dir gänzlich zugehören wollen."

Nach dieser Rede überreichten sie dem Ynka eine Menge Baumwolle, Honig, Getraide, welches sie Ssara nennen und Hülsenfrüchte aus ihrem Lande; zur Versicherung daß sie ihn in den Besiz aller Güter sezten, welche ihr Land hervor bringt. Sie brachten weder Gold noch Silber mit, weil die Einwohner dieses Landes keines haben; man hat auch nie ein Bergwerk, das diese Metalle hätte, darinne gefunden. Hierauf fielen diese Abgesandgesandten, nach Landesgewohnheit, vor dem Ynka auf die Kniee und beteten ihn als ihren König. an. Er erzeigte sich ihnen sehr gnädig und freundlich; er nahm ihre Geschenke an, um ihnen zu zeigen, daß er das ganze Land, welches sie ihm anboten, in Besiz nähme, und befahl einigen Ynkas, seinen Anverwandten, sie wohl zu bewirthen. Nachdem sie alles Vergnügen, welches man ihnen machen konnte, genossen hatten; versicherte man sie im Namen des Ynka; daß er es sehr gnädig aufgenommen habe, daß sie sich aus eigner Bewegung, dem Gehorsam und der Herrschaft der Ynkas unterworfen hätten; und daß sie um deßwillen weit grössere Freyheiten und Vortheile, als die andern Völker würden zu geniessen haben, gegen welche man Gewalt hätte gebrauchen müssen. Er befahl ferner, daß man ihnen für ihre Curakas viele Kleider von der feinsten Wolle, und sogar solche, die von den heiligen Jungfrauen nur für den König gemacht werden, mitgeben solte. Er ernennte alsdann einige Ynkas von königlichem Geblüte, welche hinreisen, und diese

Drittes Buch.

se neuen Unterthanen in der Religion der Ynkas unterrichten, und ihre Gesezze und Befehle da bekannt machen mußten. Er schickte sogar Künstler hin, welche Kanäle und Wasserleitungen anlegen und den Ackerbau in einen bessern Stand sezzen mußten, um die Einkünfte der Sonne und des Königs zu vermehren.

Nachdem die Abgesandten einige Tage am Hofe des Ynka gewesen waren, so wurden sie durch seine Tugenden und durch die guten Gesezze, welche er in seinem Lande eingeführt hatte, so eingenommen, daß sie sich die erhabenste Vorstellung von ihm machten, und ihn, beym Abschiednehmen also anredeten:

"Capak Ynka, (Einziger Herr,) damit kein Volk in der Welt sey, welches nicht das Glück geniesset, deine Religion, deine Gesezze und deine Regierung anzunehmen, berichten wir Dir, daß weit hinter unserm Lande in Süd-Westen, ein grosses Reich ist, welches man Chili nennet. Ob es gleich eine unzähliche Menge Einwohner hat, so haben wir doch wegen der grossen Strecke von Bergen, die beständig mit Schnee bedeckt sind, welche

sich

sich zwischen ihnen und uns befindet, keinen Umgang mit ihnen. Wir wissen dieses nur durch den Bericht unserer Väter und Voreltern; und haben geglaubt, daß wir es Dir nicht verschweigen dürften, daß Du dieses Land unter deinen Gehorsam brächtest; damit auch diese Völker in deiner Religion und deinen Gesezzen unterrichtet würden, die Sonne anbeteten, und Theil an deinen Wohlthaten hätten."

Der Ynka befahl daß das Andenken dieser Nachricht solte aufbehalten werden und darauf entließ er diese Abgesandten, welche in ihr Land zurück kehrten. Er selbst sezte seine Reise fort und besuchte alle Provinzen in Collasuyu, wo er sowohl den Curakas und Hauptleuten, als auch dem gemeinen Volke sehr viel königliche Wohlthaten erzeigte; so daß Jedermann seine Freude über seinen Zustand bezeugte, und sich glücklich schäzte, ein Unterthan eines solchen Königes zu seyn. Nie hatte man so viele laute Merkmale der Zufriedenheit und einen so allgemeinen Zuruf des Beyfalls wahrgenommen, als wenn er an einem Orte ankam, oder sich vor dem Volke

Drittes Buch.

ke sehen ließ. Die allgemeine Hochachtung, welche ihm die Erscheinung des Virakocha und der Sieg auf den Feldern von Yahuar-Pampa zuwege gebracht, ging so weit, daß sie nie in den Herzen seiner Unterthanen verlosch. Auch lange nach seinem Tode, als schon die Spanier Herren von Peru waren, und sie die Christliche Religion angenommen hatten, hielten sie noch die Grotte in Ehren, wo sie glaubten, daß dieser Prinz die Erscheinung gehabt habe. Der Ynka Virakocha brachte auf dieser Reise durch alle Provinzen seines Reichs drey Jahre zu und ward allenthalben mit gleicher Liebe und Ehrerbietung empfangen. Er feyerte auch auf dieser Reise jährlich die Feste der Sonne, welche man Remy und Citua nennet, wiewohl nicht so prächtig als in Cusko. Endlich kehrte er nach dieser Hauptstadt zurück und wurde daselbst, als der Erretter derselben, mit neuen Freuden- und Triumphgesängen, von allen Einwohnern, die ihm insgesammt entgegen kamen, empfangen.

Siebenzehntes Kapitel.
Flucht des tapfern Hanko-Huallu aus dem Reiche der Ynkas.

Der Ynka Virakocha unternahm, nach einiger Zeit, die Reise durch die Provinzen seines Reichs von neuem: Als er eben Eine der südlichsten besuchen wolte, berichte man ihm eine sehr auserordentliche Begebenheit, welche ihm nicht wenig Sorge machte. Der Urheber derselben war der tapfere Hanko-Huallu, von welchem wir schon zu verschiedenen Malen geredet haben: er war der Beherrscher der Chankas, des nördlichsten Volkes im Reiche der Ynkas und ein Vasall von diesen.

Obgleich dieser Fürst, seitdem die Chankas vom Ynka Roka waren unterjocht worden, während neun bis zehn Jahren, die gelinde und wohlthätige Regierung der Ynkas genossen und von ihnen in dem Genusse aller seiner Rechte und Vorzüge war gelassen worden, so daß sie ihm auch nicht einen Fuß breit Land genommen; so ward er es doch überdrüßig einem Andern unterworfen zu seyn. Ange=

Angefeuert von einem edlen Muthe, welcher Niemandes Befehle ertragen konnte, nachdem er über so viele Andere geherrscht, die seine berühmten Vorfahren bezwungen hatten; entschloß er sich, das Joch der Ynkas abzuwerfen. Er unternahm dieses, wie wir oben gesehen haben, unter der Regierung des Ynka Yahuarhuakak und würde es vielleicht ausgeführt haben; wären nicht die Quechuas, ein Volk das ihm vorher unterthänig gewesen war, dem Prinzen Virakocha zu Hülfe gekommen, welcher durch ihren Beystand alle Maasregeln des tapfern Hanko-Huallu vernichtete. Dieser unvermuthete Streich sezte ihn gleichsam zu seinen eigenen Unterthanen herab: Er zweifelte nicht, daß der Ynka den Quechuas geneigter wäre, als ihm, und daß sein Zustand von Tage zu Tage schlimmer werden würde. Voll von diesem Gedanken und unvermögend die Herabsezzung der Thankas unter die Quechuas zu ertragen, beschloß er lieber sein Land zu verlassen und in einer fernen Gegend Freyheit und unumschränkte Herrschaft wieder zu suchen. Er vertrauete sein Vorhaben einigen getreuen Dienern und trug

I. Theil.   X   ihnen

ihnen auf, es ihren Freunden zu sagen, und durch diese, dem ganzen Volke zu verstehen zu geben, daß sich die Chankas nach und nach heimlich mit ihren Weibern und Kindern, aus dem Gebiete des Ynka entfernen, und ihn auf der Gränze erwarten solten. Er wolle, sobald er alle nöthigen Anstalten gemacht, bey ihnen seyn und sie in ein anderes Land führen, oder bey der Unternehmung lieber auf eine rühmliche Art umkommen, als hier länger verachtet leben. Einen neuen Aufstand zu erregen, sey eine offenbare Thorheit, weil ihre Macht, zumal nach der lezten Niederlage gegen die Heere des Ynka viel zu schwach sey. Auserdem erlaube ihm besonders die Ehre nicht, dieses zu thun; weil er sich sonst als ein Undankbarer gegen einen König beweisen würde, der ihm das Leben geschenkt und auch hernach sich sehr großmüthig gegen ihn bezeigt hätte. Sein Vorsaz sey also, sich in Freyheit zu sezzen, ohne einen so gütigen Fürsten, wie der Ynka Virakocha, zu beleidigen.

Auf diese Art überredete der tapfere und großmüthige Hanko-Huallu seine Unterthanen, welche ihm eben so sehr, als alle Amerikaner

ner ihren rechtmäßigen Fürsten, ergeben waren, zu dieser Auswanderung. In kurzer Zeit verliessen mehr als zwanzigtausend Mann, welche die Waffen tragen konnten, ohne die Weiber und Kinder zu rechnen, das Land. Der tapfere Hanko-Huallu trat mit diesen seinen Zug an, und entweder der, allen Völkern dieser Gegend fürchterliche, Name der Chankas, oder das Schrecken seiner Waffen, öffnete ihm den Weg durch die benachtbarten Länder und verschaffte ihm alles nöthige von den Einwohnern. Nur in den Landschaften Tarma und Pompu fand er einigen Widerstand; sie liegen sechzig Meilen von dem Lande Antahuaylla, in welchem die Chankas bisher gewohnt hatten. Hanko-Huallu brachte diese Völker gar bald auf andere Gedanken; es wäre ihm sogar ein leichtes gewesen, sie gänzlich zu unterjochen, allein er wolte sich hier nicht aufhalten, weil er fürchtete, dem Ynka noch zu nahe zu seyn; welcher nicht ermangeln würde zu kommen und ihn aufs neue seiner Freyheit zu berauben, die er sich mit so vieler Mühe verschafft hatte. Er entschloß sich also, sich so weit zu entfernen, daß

der

der Ynka ihn nicht, ohne die größte Unbequemlichkeit und Gefahr erreichen könnte.

In dieser Absicht wendete er sich rechter Hand, und sezte seinen Zug so lange ununterbrochen fort, bis er die grossen Gebürge Antis erreicht hatte. Hier suchte er einen Weg hindurch, und nahm sich für, jenseit denselben, das erste ihm anständige Land zu bevölkern. Es gelang ihm, wie seine Landsleute sagen und er ließ sich endlich zweyhundert Meilen von Antahuaylla nieder. Man weiß weder genau, wo er sich einen Durchgang durch das Gebürge Antis öffnete, noch welches das Land ist, wo er seine Wohnung aufgeschlagen hat; allein man behauptet, daß es ein Land sey, wo viel schöne Seen sind, und das von einer Menge angenehmer Flüsse bewässert wird.

Achtzehntes Kapitel.
Der Ynka Virakocha sendet neue Einwohner in das verlassene Land der Chankas und verschönert das Thal Yukay.

Die Flucht des Hanko-Huallu machte dem Ynka viel Verdruß; Ob die Peruaner gleich

gleich glaubten, daß sie ihm nicht sehr zuwider
sey; weil sie ihn der grossen Anzahl der Fürsten
für ähnlich hielten; welche Vasallen von allzu
grosser Tapferkeit nicht lieben, zumal wenn sich
ein hohes Herkommen damit verbindet. Der
Ynka erkundigte sich nach allen besondern Um
ständen dieser Auswanderung und als er fand,
daß sich in diesen Provinzen keine Unordnung
zeige, welche ihn hindern könne seine angefan
gene Reise durch sein Reich fortzusezzen; so be
fahl er nur seinem Bruder Pahuak Mayta
und einigen Andern aus seinem Staatsrathe,
mit einer guten Bedeckung hin zu reisen, und
die Städte der Chankas in Augenschein zu neh
men; und die Gemüther, welche etwa durch
den Entschluß des Hanko-Huallu wankend ge
macht wären, mit aller möglichen Gelindigkeit
zu besänftigen.

Die Ynkas thaten dieses und stellten die
Ruhe allenthalben wieder her. Sie besichtig
ten auch die beyden Vestungen Chalkumarka
und Suramarka, welche des Hanko-Huallu
Vorfahren schon vor langer Zeit angelegt hat
ten. Dieser tapfere Curaka pflegte sich in die
sen

sen vesten Oertern zuweilen aufzuhalten, und man versichert, daß ihm nichts so empfindlich gewesen sey, als er mit seinem Volke auszog, als diese Oerter zu verlassen.

Nach vollbrachter Reise und Beruhigung der Chankas, kehrte der Ynka Virakocha nach Cusko zurück. Das Erste, was er hier that, war dieses, daß er einige Gesezze gab, welche ihm am würksamsten schienen dergleichen Unruhen künftig zu verhindern. Hierauf schickte er zehntausend neue Pflanzbürger in das Land der Chankas ab, um es von neuem zu bevölkern; zu Anführern oder Häuptern gab er ihnen weise und erfahrne Ynkas mit, welche das verlassene Land unter sie austheilten.

Nachdem alle diese Angelegenheiten in Ordnung gebracht waren, ließ der Ynka in seinem ganzen Reiche prächtige Gebäude aufführen: vornemlich verschönerte er die Thäler Yukay und Tampu. Yukay ist das fruchtbarste und angenehmste Thal in ganz Peru: Alle Könige vom Manko Capak bis auf den lezten haben es auch als den Garten dieses Reichs und einen solchen Lustort betrachtet, der vollkommen bequem

quem sey, sich da von den Beschwerden und der Unruhe der Staatsgeschäfte zu erholen. Es ist nicht weiter, als vier kleine Meilen gegen Nord=West von Cusko entfernt. Die Lage ist sehr angenehm, die Luft ist ungemein gesund und so gemäßiget, daß man weder über Hizze noch über Kälte klagen kann: das Wasser ist vorzüglich gut und man ist hier sogar von den gewöhnlichen Plagen südlicher Länder, den Mücken, Fliegen und andern beschwerlichen Insekten frey. Es liegt zwischen zwey weitläuftigen Gebürgen; das Erste und höchste befindet sich gegen Morgen, ist beständig mit Schnee bedeckt und lässet aus seinem Schoosse verschiedene Flüsse hervor quellen, welche sich in die Ebene herab stürzen, und in viele Kanäle theilen, um das Land zu wässern. Der Gipfel dieser Berge scheint bis an die beständig blaue Wölbung des Himmels hinauf zu steigen; der in hundert angenehme Thäler zerschnittene Fuß derselben ist mit dem weichsten und schönsten Grase bedeckt, wo Hirsche, Rehe, Gemse, wilde Ziegen, Federwildpret und besonders Rebhüner in Menge zu sehen sind; der Heerden

Llamas und Guanakos, oder Huanakus, welche hier beständig weydeten nicht zu erwähnen; das andere Geburge, welches gegen Abend zu liegt, ist nicht so hoch; am Fusse desselben strömt der schöne Fluß Yukay; sein Lauf ist sanft und an seinen Ufern siehet man eine grosse Anzahl Reiher, wilde Enten und andere Wasservögel. Die Morgenluft von den beschneyten Gipfeln des erstgedachten Geburges erfrischet jeden Tag dieses Thal; die fruchtbaren Bäume, grünenden Stauden und schattigten Gebüsche erfüllen es jede Nacht mit einem gesunden Dufte; alle vornehme Familien in Cusko haben hier ihre Landhäuser, deren immer Eins schöner ist, als das Andere; die Gesunden eilen hierher, sobald ihre Geschäfte es zulassen um die immerwährende Frühlingsluft, welche die Menschen zu vergnügen scheint, zu geniessen; und die Kranken lassen sich aus Cusko in dieses Thal tragen und genesen. Aber die prächtigsten Gebäude, welche man hier sahe, waren vom Ynka Virakocha aufgeführt, welcher dieses Thal vorzüglich liebte.

Neun-

Neunzehntes Kapitel.
Der Ynka Virakocha ernennt seinen ältesten Sohn zu seinem Nachfolger, weissagt die Ankunft der Spanier, und stirbt.

Der Ynka Virakocha verwendete einige Jahr auf solche nüzliche und rühmliche Werke, und regierte sein Reich sowohl, daß es sich in seinem Alter in der vollkommensten Ruhe und Sicherheit befand. Als er endlich die Annäherung seines Todes merkte, ernennte er seinen ältesten Sohn, welchen er mit seiner Gemalin und Schwester, Coya Mama Runtu (welches so viel als eine Mutter, die so weiß ist, als ein Ey) gezeugt hatte, zu seinem Nachfolger. Zugleich befahl er, daß dieser Prinz, welchen man bisher Titu Manko Capak genennt hatte, den Namen Pachakutek führen solte. Das Wort Pachakutek bedeutet Einen der die Welt umkehrt. Man weiß die Ursache nicht genau, warum der Ynka Virakocha seinem Sohne und Nachfolger befohlen habe, diesen Namen zu führen: Einige behaupten: Er habe ihn, vor seiner Verbannung selbst angenomgenommen gehabt. Da ihm aber sein Gott, bey seiner Erscheinung in der Grotte im Park zu Chita, befohlen den Namen Virakocha anzunehmen; so sey es ihm nicht mehr frey gestanden, jenen zu behalten, er habe also gewolt, daß ihn sein Sohn tragen solte. Andere sagen, folgende Weissagung habe ihm Anlaß zu diesem Befehle gegeben. Dem Ynka Virakocha selbst sey der Gott Virakocha, der sich seinen Onkel nennte, im Traum erschienen, und habe ihm geoffenbaret; Daß nach der Regierung einer gewissen Reihe von Königen, unbekannte Menschen, von ungewöhnlicher Gestalt in Peru ankommen und dieses Reich zerstören, und den Gottesdienst der Sonne abschaffen würden. Der Ynka verbot diese Weissagung dem Volke bekannt werden zu lassen, nur die Weisen unter den Ynkas, welche man Amautas nennt, erfuhren sie. Allein zum Andenken dieser fürchterlichen Ankündigung habe er seinem Sohne befohlen, den Namen Pachakutek anzunehmen; welches Wort von dem Zeitworte Pachamkutin herkömmt, welches so viel bedeutet, als; die Welt verän=

verändert sich und kömmt aus einem Guten, in einen schlechten Zustand. Man redete von der oben gemeldeten Weissagung nicht, weil es der Ynka verboten hatte, bis auf die Zeit des Huayna Capak, welcher sie, kurz vor seinem Tode öffentlich bekannt machen ließ; vermuthlich weil er glaubte, daß die Reihe der Könige, welche vor Erfüllung derselben regieren solten, voll sey.

Daß die Spanier alles dieses gethan haben leidet keinen Zweifel; sie haben das Reich der Ynkas zerstört; sie haben den Dienst der Sonne abgeschafft; sie sind aus einem unbekannten und sehr entfernten Lande gekommen und haben auch Eine, den Peruanern ungewöhnliche Gestalt gehabt: daß aber der Ynka Virakocha dieses ein Paar hundert Jahr voraus gesagt habe, ist nicht so gewiß. Indessen ist es wahr, daß die Peruaner den Spaniern den Namen Virakocha beylegten, und sie für Götter hielten.

Nachdem der Ynka Virakocha ein langes Leben in dem glänzensten Glücke zugebracht, starb er von allen seinen Unterthanen betrauert. Auser seinem ältesten Sohn Pachakutek, welcher

cher sein Nachfolger ward, hinterließ er noch viele andere Kinder. Während seiner Regierung hatte er eilf Provinzen zum Reiche gebracht, von denen sieben gegen Norden und viere gegen Süden von Cusko lagen. Man weiß so wenig von ihm, als von den andern Königen genau, wie viel Jahre er das Zepter geführt; die gemeine Meinung bestimmt die Anzahl derselben auf funfzig.

Man wiederholt in Peru noch folgende merkwürdige Worte von ihm, welche das Betragen der Eltern gegen ihre Kinder betreffen. Allem Ansehen nach sind es nichts anders als Betrachtungen, welche er über das Verfahren seines eigenen Vaters gegen ihn, gemacht hat: "Die Väter," sagte er, "sind gar sehr an dem Verderben ihrer Kinder und an ihren schlechten Sitten, durch die übeln Gewohnheiten schuld, welche sie ihnen in der Jugend nachsehen. Einige machen sich einen Ruhm daraus, sie zu verzärteln und von Kind auf alle Freuden und Vergnügungen geniessen zu lassen. Bezaubert durch den eingebildeten Wiz, den sie an ihnen finden und durch den Glanz ihrer Schön-

Drittes Buch. 333

Schönheit, laſſen ſie ihnen alles zu, ohne ſich darum zu bekümmern, was in der Zukunft aus ihnen werden wird. Andere hingegen ſind bey ihrer Erziehung zu ſcharf; und dieſe verderben ihre Kinder nicht weniger. Eine allzugroſſe Weichlichkeit ſchwächet die Kräfte des Leibes und der Seele; und eine zu groſſe Härte im Strafen macht furchtſam, ſtumpf und zu groſſen Gedanken und Unternehmungen unfähig. Um alſo einen Menſchen dazu zu machen, was er ſeyn ſoll, muß man die Mittelſtraſſe zwiſchen Gelindigkeit und Strenge zu gehen wiſſen; alsdann wird er eben ſo muthig im Kriege als klug und beſcheiden im Frieden ſeyn." Mit dieſem ſchönen Ausſpruche beſchließt auch der ehrwürdige Vater Blas Valera das Leben dieſes ruhmwürdigen Ynka.

Zwanzigſtes Kapitel.
Der Verfaſſer dieſer Geſchichte ſieht den todten Leichnam des Ynka Viracocha.

Im Jahre 1560, als ich mich nach Europa einſchiffen wolte, ging ich hin in das

Hauß

Hauß des Lizenziat, Paul Andegardo, Abschied zu nehmen. Er war Richter zu Cusko und aus Salamanka gebürtig. Um mir ein Vergnügen zu machen, zeigte mir dieser Freund meiner Eltern, in einem Saale, fünf Leichname von verstorbenen Ynkas; drey männlichen und zween weiblichen Geschlechts. Der Erste war der Ynka Virakocha, wie die Peruaner behaupteten. Er hatte Haare wie Schnee so weiß; woraus ich schloß, daß er sehr alt geworden seyn müsse. Der Zweete war der grosse Tupak Ynka Yupanqui und der Dritte war Huayna Capak, der Sohn des Vorhergehenden und der Urenkel des Ersten. Die beeden weiblichen Körper waren, die Königin Mama Runtu, Gemalin des Ynka Virakocha; und Coya Mama Oello, Mutter des Huayna Capak. Diese Körper waren noch so unbeschädigt, daß ihnen nicht ein Haar, weder auf dem Kopfe noch in den Augenbraunen fehlte. Sie hatten eben die Kleidung an, die sie in ihrem Leben getragen hatten und man fand kein anderes
Kenn-

Kennzeichen der königlichen Gewalt an ihnen, als das Llautu, oder die königliche Binde. Sie saßen, wie die Einwohner dieses Landes zu thun pflegen; nemlich die Hände lagen kreuzweise über dem Magen und die Augen waren auf die Erde gerichtet. Der ehrwürdige Vater Akosta, welcher sie zwanzig Jahr später als ich, in Lima gesehen hat, sagt, sie wären balsamiert gewesen. Ich habe dieses nicht wahrgenommen. Vielleicht hat er dieses nur vermuthet, weil diese Körper noch so unversehret waren: Vielleicht hatten die Peruaner auch die todten Körper ihrer Könige eine Zeitlang in Schnee eingegraben, welches alle Verwesung verhindert; und sie hernach mit einem gewissen Harz überstrichen, welches man aber nicht mehr erkennen konnte. Ich berührte einen Finger des Huayna Capak und er schien mir so hart, als Holz. Diese Körper waren übrigens so leicht, daß der schwächste Peruaner einen unter dem Arme forttragen konnte. Anfangs wurden sie zu Cusko in einer Kapelle aufbewahrt, wo sie die

Pe-

Peruaner anbeteten. Allein der Vizekönig von Peru, der Marquis de la Canete, suchte dieser Abgötterey zu steuren, und ließ sie nach Lima bringen; wo man nach langer Zeit, zur Verwunderung aller die sie sahen, keine Veränderung an ihnen wahrnahm; obgleich die Lage beyder Städte sehr verschieden ist. Denn Cusko liegt in einer hohen bergichten Gegend, wo die Luft kalt und scharf ist, wo alles austrocknet, und beynahe nichts verfault: dahingegen Lima am Meere liegt und eine so warme, feuchte und korrosivische Luft hat, daß man nichts vor der Fäulniß verwahren kann.

<h2 style="text-align:center">Ende
des Dritten Buchs.</h2>

www.ingramcontent.com/pod-product-compliance
Lightning Source LLC
Chambersburg PA
CBHW020259240426
43673CB00039B/642